邪馬台国は存在しなかった

田中英道 著

勉誠出版

目　次

第二章 『魏志倭人伝』は『三国志』の中の「物語」 33

第一章　学者はなぜ「邪馬台国」と「卑弥呼」の蔑称を好むのか

「邪馬台国」も「卑弥呼」も『魏志倭人伝』にしか出てこない

「邪馬台国」あるいは「卑弥呼」は、ほぼ毎年と言ってよいほど必ずマスコミの話題に上がります。二〇一八年には、西日本新聞がこんな話題を取り上げていました。

福岡県赤村にある鍵穴型丘陵の後円部の直径が一五〇メートルであることが地元の研究会の調査でわかった、という記事です。この大きさは『魏志倭人伝』にある「邪馬台国」の女王「卑弥呼」の墓の大きさ《径百余歩》とほぼ一致する、だからこれは「卑弥呼」の墓ではないか、というのです。

「邪馬台国」論争は、日本の歴史における戦後最大の未解決の問題、としてよく知られています。『古代史研究の最前線　邪馬台国』（洋泉社編集部　洋泉社　二〇一五年）という本によれば、すでに千冊以上の関連書籍が存在するそうです。

それらの書籍は、『魏志倭人伝』に書かれている「邪馬台国」が果たしてどこにあったのか、「卑弥呼」の存在を含め、『魏志倭人伝』はどこまで当時の日本の正しい姿を伝えているか、ということをテーマとしています。

研究の対象は、すべて『魏志倭人伝』に限られます。

なぜ『魏志倭人伝』ばかりを研究するのかと言えば、それはつまり、「邪馬台国」も「卑弥呼」も『魏志倭人伝』にしか出てこないからです。

『魏志倭人伝』は『三国志』の一部分

『魏志倭人伝』は、中国で三世紀頃に編纂された歴史書とされている『三国志』の中の一部分です。『三国志』の「三国」とは、一八四年に黄巾の乱で「漢」が乱れてから、二八〇年に「西晋」が再統一するまでの、約一〇〇年間の覇権を争った「魏」「蜀」「呉」の三国を指しています。

三国間の内乱状態の時代が、後に「三国時代」と呼ばれます。『三国志』にはこの「魏」「蜀」「呉」の歴史がまとめられています。

『三国志』は、陳寿《ちんじゅ》という官僚が編纂しました。陳寿は最初、「蜀」に仕え、二六三年に「蜀」が滅びた後、統一王朝の「西晋」に仕えて『三国志』を編纂します。

「西晋」は、「蜀」を滅ぼした「魏」の皇帝位を禅譲された司馬炎が建てた国です。「魏」出身の司馬炎が「呉」を倒して統一王朝「西晋」としました。

統一王朝「西晋」にとっては、「魏」がもともとの国です。現存する『三国志』が『魏志』三〇巻、『蜀志』一五巻、『呉志』二〇巻と巻数に差があることには、そういった背景もあります。

『魏志倭人伝』は、『魏志』の中の、中国の東方諸民族・諸国について記した第三〇巻目「東夷伝」の中の一条である烏丸鮮卑東夷伝倭人条の通称です。他の東方諸国、高句麗や馬韓などの記述に比較すると最も長いのですが、全部で約二千文字、現代の四〇〇字詰め原稿用紙にしてわずか約五枚の文章です。

『魏志倭人伝』を歴史研究の史料として扱うこと、そこに書かれていることはすべて事実として考えるということの問題点については、次章でも取り上げます。

「邪馬台国」論争は、日本の歴史家の国際的な、学問的レベルの問題

この、四〇〇字詰め原稿用紙にしてわずか約五枚の文章に過ぎない『魏志倭人伝』の研究に、日本の歴史家、歴史好事家たちは、たいへんなエネルギーを費やしてきました。問題は、果たしてそれだけの成果があったのか、ということです。

いわゆる「邪馬台国」論争は、大きく、邪馬台国は九州にあったとする九州説と関西にあったとする畿内説の二説に分けられます。江戸時代にすでに論争があり、そして現代まで、何も結論は出ていません。

ほぼ毎年、邪馬台国や卑弥呼の話題は、書籍は言うに及ばず、テレビや新聞、雑誌などで取り上げられます。しかし、結論も目立った進展もありません。

いたずらにメディアは期待感だけを煽り、時にお祭り騒ぎのようになります。しかし何ひとつ明らかにならずに、相変わらず固まった状態になってしまっているままであるのは、なぜなのでしょうか。

私は、西洋の歴史研究の経験の上に立って日本の歴史研究を始めた一歴史家です。西洋の歴史研究の経験があるからなお、私は、この未解決の状態を放置できません。なぜなら、この「邪馬台国」論争は、日本の歴史家の国際的な、学問的レベルの問題にも関わっているからです。「邪馬台国」論争は、その論争自体、果たして学問と呼べるのか、という問題です。

一九八七年出版の本ですが、評論家の梅原猛氏は『写楽　仮面の悲劇』（新潮社）の中で、「邪馬台国」論争と並んで「写楽は誰か」論争は日本の未解決な歴史論争の双璧である、と書いていました。

梅原氏の言う「写楽は誰か」論争については、私はすでにその解決に一石を投じました。二〇〇一年に『実証　写楽は北斎である――西洋美術史の手法が解き明かした真実』（祥伝社）、二〇一一年に『「写楽」問題は終わっていない』（祥伝社新書）を書きました。

その後、これらの書籍にも書き、また一般の方々に対しては講演などでもたびたびお話ししている、「写楽は北斎である」とする私の論に対する反論は一切出ていません。

そこで私は、梅原氏の言うところの「日本の未解決な歴史論争の双璧」のもうひとつ、「邪馬台国」論争の問題に取り掛かることにしたのです。

私は、二〇一〇年代に入ってから、一連の「古代史」と呼ばれる領域に自分の研究をシフトさせています。『「やまとごころ」とは何か――日本文化の深層』（ミネルヴァ書房　二〇一〇年）、『天平に華咲く「古典文化」――続「やまとごころ」とは何か』（ミネルヴァ書房　二〇一六年）、『高天原は関東にあった　日本神話と考古学を再考する』（勉誠出版　二〇一七年）、『日本の起源は日高見国にあった　縄文・弥生時代の歴史的復元』（勉誠選書　二〇一八年）、『天孫降臨とは何であったのか』（勉誠選書　二〇一八年）などを読んでいただくと、私がいったいどのような問題意識をもって「古代史」の研究にあたっているかおわかりいただけると思います。

蔑称であることは当然知っているはずの学者たち

邪馬台国また卑弥呼という言葉が蔑称であることを一般の多くの人はあまり意識しないようです。

『魏志倭人伝』は、国の名に「邪」、女性の名に「卑」と、わざわざ侮蔑的な意味の漢字をあてています。そこにはすでに、相手を平等に直視しない態度があるのです。

次章でも触れますが、歴史の学者であれば、邪馬台国また卑弥呼という言葉が蔑称であることは当然知っていてしかるべきことです。

しかし、日本の歴史学者はこのように、我が国についての記述が軽蔑的であっても平気です。

むしろ、蔑称を好んで使うようなところがあります。戦後の自虐史観と言っていいのだろうと思いますが、これはいったいなぜなのでしょうか。

興味深い例をひとつあげて説明していきましょう。『魏志倭人伝』を韓国の学者が読むと《百済が日本を建てた》ということになるらしい、という話があります。

評論家でジャーナリストの室谷克美氏が監修した『日朝古代史　嘘の起源』（宝島社　二〇一五年）という別冊本に、韓国学中央研究院名誉教授のパク・ソンス氏の見解が紹介されています。

パク氏は韓国の「コリアン・スピリッツ」というオピニオンサイトのコラムで二〇一四年、次のように述べました。

「日本古代史は中国の史書「魏志」倭人伝に至って初めて出てくる。それを見れば、倭人がどこにいたのかというと、韓半島の「帯方郡」（今の黄海道）から南へおりて行けば韓国があって……。また降りながら海を東南側に行けば狗邪韓国《くやかんこく》に出る。倭人はすぐにそちらに住む。」

パク教授の見解によれば『魏志倭人伝』にはこう書かれているのです。つまり、韓半島南側にまず韓国がある、そこから海を渡って日本に至るわけだが、そこにはもうひとつの韓国である「狗邪韓国」がある、ということです。

日本の倭人を支配しているのは「狗邪韓国」という国である、ということになります。

パク教授によれば、「狗邪韓国」は百済の分国です。

つまり、日本には百済の植民地があったというのです。

百済の建国は一般的には三四六年、詳細な年は不明としても四世紀の前半が定説で、三世紀成立の『魏志倭人伝』とは時代が合いません。しかし百済の建国年については様々な説があるので、ここはまあよいとしておきましょう。

パク教授はさらに、日本の建国について、とんでもない説を披露します。

日本は百済の植民地だったという説

パク教授によれば、日本列島にいた韓国人は百済人ばかりではありません。新羅人や高句麗人、伽倻人もいた、というのです。

朝鮮半島に現存する最古の朝鮮の歴史書は高麗一七代仁宗が編纂を命じて一一四五年に完成させた『三国史記』です。パク教授は、この『三国史記』にはそういったことは一切書かれていないことは認めながらも、日本には、日本が韓国の植民地だったことを証明する遺跡や遺物が数多く残っている、とします。

そして、日本人は野蛮で国を建てる方法も知らなかった、日本のあちこちに国を建てたのは韓国人なのだ、と主張します。その国々も七世紀になってやっとかたちができたものに過ぎない、と言うのです。

六六〇年に百済は唐・新羅の連合軍に大敗して国家は消滅します。国が滅んだ時に、多くの百済の王族が船に乗って渡ってきました。それも、パク教授に言わせれば、日本にすでに百済の植民地があったからこそできたことなのだそうです。

『魏志』に書かれている韓国

『三国志』第三十巻目「東夷伝」には、『魏志倭人伝』の前に『韓伝』があります。朝鮮半島についての記述です。

『韓伝』には、いわゆる「卑弥呼」と同時代の朝鮮半島南部つまり今の韓国あたりの様子が書かれています。

朝鮮半島南部には韓族が、馬韓、辰韓、弁韓の三地域に分かれて暮らしていました。三つの地域の内のひとつ、馬韓は、さらに五四の小国に分かれていました。辰韓は二四の小国に分かれていました。

『韓伝』には、百済は馬韓五四小国の中のひとつに過ぎないと書かれています。対して、『魏志倭人伝』には、倭国はすでに「邪馬台国」というひとつの国で統一されていた、と書かれています。

そして、『韓伝』では、韓国と日本の位置関係はこう説明されます。

「韓は帯方郡《たいほうぐん》の南にあって、東西は海まで続いている。南は倭《わ》と境を接している。」（『倭国伝 全訳注 中国正史に描かれた日本』藤堂明保・竹田晃・影山輝國　講談社学術文庫　二〇一〇年）

さらに『韓伝』は、その地域の統治の状況についても書いています。弁辰と辰韓二四小国の内のひとつである瀆盧国について、次のように記述しています。

「弁辰は、辰韓の人と入り混じって生活している。また城郭がある。衣服や住居などは辰韓と同じである。言葉や生活の規律はお互いに似ているが、鬼神の祭り方は違っている。竈はみな家の西側につくっている。弁辰の瀆盧国は倭と隣り合っている。」

（前掲書『倭国伝　全訳注　中国正史に描かれた日本』）

つまり、朝鮮半島の南部は倭人の地です。

一方、『魏志倭人伝』は、魏の直轄地である帯方郡から倭国の中心に向かうルートの説明において、位置関係を次のように書いています。

「帯方郡から倭に行くには、海岸沿いに船で行き、韓の国々を通り、あるときは南に向かい、あるときは東に向かってすすむと、倭の北の対岸に当たる狗邪韓国《くやかんこく》に到着する。帯方郡から、七千里あまり来たところで一つの海を渡り、千里あまり行くと対馬《つしま》国《こく》に到着する。」

（前掲書『倭国伝　全訳注　中国正史に描かれた日本』）

狗邪韓国は倭国の北岸にあたり、任那と同じ位置にあることになります。つまり、『魏志倭人伝』の《倭の北の対岸に当たる狗邪韓国に到着する》と、『韓伝』の《弁辰の瀆盧国は倭と隣り合っている》は同じことを言っていることになります。

すなわち、『魏志倭人伝』も『韓伝』も、倭国は日本列島だけではなくて、朝鮮半島の南部にまで勢力を広げていた、と言っているのです。倭人もここには数多くいたことでしょう。

解釈のバリエーションに過ぎない論争

『日朝古代史 嘘の起源』を監修した室谷氏は、パク教授を批判しています。倭人を支配しているのは「狗邪韓国」であり、日本には百済の植民地があった、というパク教授の説は『魏志倭人伝』の誤読である、としています。

これは、誤読と言うよりも、意識的な曲解と言うべきかもしれません。

しかし私は、実はこういった批判は当たらない、と考えています。

『魏志倭人伝』をいくら誤読しようが曲解しようが、そのことを批判しても虚しいだけです。

なぜなら、『魏志倭人伝』の記述こそ、もともとおかしいからです。

すでに千冊以上出版されているという、これまでの日本の「邪馬台国」論争のどれを読んでもわかることがひとつあります。すべて、『魏志倭人伝』を様々に解釈し合っているに過ぎないということです。

『魏志倭人伝』はどのようにも解読できるものなのだな、ということが、どの「邪馬台国」論争を読んでも、それだけはわかるのです。読み方ひとつで九州説にもなり、関西説にもなり、それがくりかえし論じられています。

従って、パク教授のような誇大妄想の「古代史」を、『魏志倭人伝』を誤読している、などと言って非難しても仕方がありません。

『魏志倭人伝』に書かれている《七千里あまり》や《千里あまり》といった「距離」の想像性を見ればわかります。最初からフィクションを書くことを意図していた、と考えるのが常識というものです。

中国では、「歴史」とは、初めからそういうものです。

『魏志倭人伝』が収録されている『三国志』をはじめ、中国で歴史書と呼ばれているもののほとんどは、そこに多少の事実は書かれているにしても、学術用語で言う歴史資料には値しません。

私たちは、このことをはっきりと認識する必要があります。そしてそれは、『魏志倭人伝』のような千年単位、数百年単位の昔の書に限ったことではありません。

中国の現在の歴史においても、実はまったく同じなのです。

「邪馬台国」論争は「歴史問題」の根源

現在の日本の歴史家、評論家の多くは、「侵略」「虐殺」「奴隷化」などといったマゾヒスティックな言葉を使って、自らの祖先の歴史つまり日本の歴史の、その真意も事実もなおざりにしています。

たとえば彼らは「終戦」をわざわざ「敗戦」という言葉に変えます。

「降伏」に「無条件」をつけて絶対化します。

「同盟」という用語を聞けば、「従属」あるいは「植民地化」に直結させます。

こういった自虐趣味は、『魏志倭人伝』つまりフィクションを歴史資料として捉えてあれこれと自分の立場に都合の良いように読み、深刻ぶった顔をするのとまったく同じです。そろそろこうした不自然な態度は改めなければいけません。

『魏志倭人伝』ひとつを考えてもわかる通り、中国や韓国は歴史の捏造を行います。それが彼らの「歴史」に対するもともとの態度なのだから仕方がありません。

つまり、現在の中国、韓国が、政治的な「捏造」による「歴史問題」を言い出すのは、今に始まったことではないのです。

その根底には、隣国同士の「近親憎悪」といった感情があるかもしれません。しかし、それればかりではありません。

私たち日本人は、彼らの日本に対する批判や蔑視の言葉の裏に、彼らの苛立ちがあることを知らなければいけません。

中国や韓国は、日本には他国つまり中国や韓国には見られない感性があることに気がついていて、それに苛立っているのです。

中国や韓国は、日本に対して、はるか昔から苛立っています。その苛立ちが、彼らの言う歴史というものの中で展開されています。

この、日本という国がどうしようもなく持っている論理あるいは構造を歴史の解釈に用いるべきだと歴史家が気づき始めた時に、日本の歴史とは何かがわかるはずです。

本書の一番のテーマはそこにあります。私の考察はここから始まっています。

そして、隣国との歴史論争のそもそも、歴史論争の根源に関わっているものこそが「邪馬台国」論争なのです。

蔑称の歴史用語採用は歴史自体の取り組み方に対する鈍感

蔑称である「邪馬台国」や「卑弥呼」という言葉が、いつのまにかそのまま歴史用語になり教科書にまで載せられるようになっています。

このこと自体が、日本の歴史家のレベルの低さを物語っていると言えるでしょう。単に言葉に鈍感なだけではありません。「邪馬台国」や「卑弥呼」は『魏志倭人伝』に登場する言葉ですから、もちろんそれを取り上げて議論することに問題はありません。

しかし、歴史用語として教科書にまで定着させるということは、日本の歴史家の、歴史自体の取り組み方に対する鈍感さがあることは否定できません。

歴史家と教育者がこれを受け入れたということは、日本人の人の良さからきたことかもしれません。

しかし、人の良さというものを歴史にまで及ばせる必要は全くないどころか、かえって事実を見えなくします。

「邪馬台国」がどこにあるのかという「所在地」論争は、そのいい証拠です。九州説、関西説はじめ様々に取り沙汰されますが、未だに決着がつかないままです。

『三国志』は西晋の陳寿が編纂しました。『魏志倭人伝』も陳寿が書いています。呉が滅亡して西晋が統一した二八〇年から陳寿が没する二九七年の間に出来上がっています。

そして『魏志倭人伝』はすべて伝聞で書かれています。陳寿は、日本にやって来て取材した上で『魏志倭人伝』を書いたわけではありません。

最初から間違っているということ

しっかりと認識しておかなければいけないことがあります。

『魏志倭人伝』は、『三国志』という膨大な中国の「歴史書」の、ほんの一部だということです。

陳寿にとっては、おそらく、日本に関することなど、どうでもいいことです。陳寿には、日本のことを正確に記述する意思など、ほとんどなかったと言っていいでしょう。

陳寿の死後、中国において『三国志』は、正史つまり正統な歴史書として重んじられました。そのことをもって日本の学者は、『三国志』に記述されていることは正しくまた事実であると、金科玉条のように信じようとしてきました。

『魏志倭人伝』に、「魏」帝の詔の類が書かれています。「卑弥呼」なる倭の女王にこう伝えました。

「さて汝を親魏倭王として、金印・紫綬を与えよう。」

（前掲書『倭国伝　全訳注　中国正史に描かれた日本』）

王として認めるから「魏」帝に孝順しなさい、と使いの者を通して「魏」帝が伝えたというのです。

こういった内容のことが書かれている史料は、『魏志倭人伝』の他には一切存在しません。それをいいことに、日本の学者はこれをそのまま認めてしまいました。

古来、『三国志』は中国の正当な歴史書とされていました。権威というものがあるわけです。日本の学者は、それらは中国においても史実としてすでに学問的にも確認されたことだろうと思い込みました。

戦後一九五〇年代から遺跡発掘ブームが起こり、二一世紀に入った現在もまた、発掘調査は盛んに行われています。最近では特に、従来の歴史の書き換えが必要になるような、重要な発見も相次いでいます。

新たな古墳や遺跡が発掘されるたびに、また、新たな調査結果が発表されるたびに、それは「卑弥呼」のあれこれである、とか、これで「邪馬台国」の所在地はどこどこであることが確定的になった、などと学界もマスコミも騒ぎ立てます。

しかし、それらの主張のどれもが具体的な証拠を示すことはできずに、つまり歴史的な裏付けをすることができずに立ち消えとなっていくばかりです。

そうであれば、『魏志倭人伝』を疑問に思わなければならないだろう、ということは明らかです。

「卑弥呼」にまつわる特に国内の伝説、「卑弥呼」に何か関連のある神社や仏閣を探すことから始める必要があります。

『魏志倭人伝』に書かれていること、『魏志倭人伝』の内容を既定のものとして、それを前提になされている言説の一切は、最初から間違っているのではないか、と疑わなければいけません。

「中国文献」至上主義と「マルクス主義史観」

「邪馬台国」論争は、戦後さらに活発になりました。

たとえば、昭和四五年に発刊された『邪馬台国研究総覧』（三品彰英編著　創元社）という本があります。主要な研究論文が二〇八編収録されていますが、江戸時代の新井白石や本居宣長の論文も含む二〇八編の内、九六編の論文が昭和二二年から昭和三九年までの間に書かれた論文です。

戦後の時代に、これだけ歴史家が『魏志倭人伝』に執着しているのには二つの理由があります。

第一の理由は、戦後になって日本の「万世一系」の天皇家の歴史への批判精神が流行したということです。

第二の理由は、「社会主義」というものを掲げる中国に対する憧れと偏愛が戦後になって始まったということです。その結果、歴史家の間に「中国文献」至上主義という研究姿勢が生まれました。

社会主義あるいは共産主義には、その政治思想に則った歴史の見方というものがあります。マルクス主義史観あるいは唯物論的史観と呼ばれる考え方です。

簡単に言えば、世の中には階級という法則が存在して、社会というものは無階級社会から階級社会へ、階級社会から無階級社会へと動いていくという理論です。そして、上の階級にいる人々いわゆる権力者は常に悪で、下の階級にいるものは常にそれと闘争する、それが歴史だ、と考えます。

このマルクス主義史観が、戦後日本の思想界に跋扈しました。

日本人の多くはマルクス主義史観が絶対的に正しいと思い込みました。そこで、日本の歴史を否定的に見る態度が固定してしまったのです。

「邪馬台国」論争は日本の歴史家の不見識を世界に示す

現在の中国は、マルクス主義思想を掲げる「共産党」が主導する国家です。

「共産党」主導の中国の「歴史認識」においては、虚構を加えて捏造することなど当たり前です。二〇一五年にユネスコ（国連教育科学文化機関）に登録申請した「南京大虐殺文書」がよい例でしょう。

中国人の歴史観は、「卑弥呼」の時代から変わることはありません。政権を握った政府の政治観に沿った歴史観を用意する、つまり時の政府が政治をやりやすいように歴史を再構成するということです。

事実の分析から生まれた歴史ではないのです。それがマルクス主義史観というものの本質です。

中国は、自分の国においても伝統や文化を蔑視して軽んじ、あるいは破壊し、他の国を軽蔑します。

中国「共産党」主導国家が誕生するはるか以前から、マルクス主義史観の「虚構」体質が中国の歴史家自体の体質として備わっていると言ってもいいでしょう。

「邪馬台国」論争は無駄な議論です。この無駄な議論が続く限り、従ってその一方で、『古事記』『日本書紀』の否定が続きます。

「邪馬台国」論争は、日本の歴史の根幹は天皇であることを否定するための論争であり、この論争のケリをつけない限り、誰が見ても明らかな、日本の歴史を無視する「歴史認識」が続くことになります。

何世紀にもわたって繰り返されている不毛な「邪馬台国」論争をこのままにしておくことは、日本の歴史家の不見識を、世界に示し続けることになります。

『「やまとごころ」とは何か――日本文化の深層』でも『日本の歴史、五つの法則』でもすでに私が指摘しているところですが、次章より、『高天原は関東にあった』の論文集の、最後のものを、さらにわかりやすくして改めて詳しく述べたいと思います。

第二章　『魏志倭人伝』は『三国志』の中の「物語」

伝聞をもとにすべて構成

前章で述べたように、『三国志』を編纂したのは陳寿という人物です。『魏志倭人伝』も陳寿が書いたとされています。

陳寿は二三三年に生まれました。「邪馬台国」は二三九年から「魏」に使節を送り始めたことになっています。

つまり、陳寿は年齢からしてそもそも、「魏」帝の「卑弥呼」に対する詔、そこから始まった「邪馬台国」からの使節の実際を知るのは無理でしたし、その立場にもありませんでした。

さらに陳寿は、「倭国」について直接知ることのできる立場にもなかったのです。これは陳寿の経歴からわかることです。

『中国古代の歴史家たち――司馬遷・班固・范曄・陳寿の列伝訳注』（福井重雅編　早稲田大学出版部　二〇〇六年）と『正史　三国志』（ちくま学芸文庫全八巻　一九九二～九三年）を参考に、『魏志倭人伝』を書いた陳寿という人物の生涯を簡単にたどっておきましょう。

革命を歓迎し王朝の交代を進化とする学派

陳寿の出身地は「蜀」の巴西郡の安漢県。現代中国の重慶市と四川省東部にかけてのあたりです。

字《あざな》、つまりもっぱら成人してからつける日常的に呼び交わす名を承祚といいました。七世紀成立とされる『晋書陳寿伝』には、若くして学を好んだ、とあります。

陳寿は同じく巴西郡出身で先輩にあたる譙周に師事しています。譙周は、儒学の経典のひとつである『春秋公羊伝』を重要と考える「春秋公羊学」の大家でした。

「春秋公羊学」は、革命を歓迎し、王朝の交代を進化ととらえる学派です。陳寿は師・譙周から、その資質を称賛されたといいます。

世に出た陳寿は、「蜀」の朝廷に仕えます。歴史編纂を専門に行う官吏・観閣令史に就きます。宮中図書係といったところです。

陳寿は「宦人の黄皓、専ら威權を弄し、大臣皆な意を曲げて之に附するも、壽（陳寿）は獨り之が為に屈せず、是に由りて累々譴黜《けんちゅつ》せらる」と言われていました。宦官の黄皓の権力が絶大で皆が意を曲げて黄皓の言いなりだったのに、陳寿は一人、節を曲げずに屈しなかったのでたびたび懲罰を受けてその地位を下げられた、ということです。

二六三年、陳寿が仕えていた「蜀」が「魏」に併合されます。三一歳の時でした。陳寿は「魏」の首都・洛陽に移り住んで、「魏」の朝廷の文官となります。

存在しない、事実の分析としてどうかという批判

陳寿が洛陽に移ってから二年が経ち、「魏」は「晋」という国に変わりました。「晋」は、司馬炎という軍人が「魏」の元帝から皇帝位を禅譲されて建国した国です。

「晋」に張華という政治家がいました。初代皇帝・司馬炎の重臣であり、司空という土地と民事を司る最高官の職にあると同時に大詩人でもありました。

この張華に陳寿は引き立てられて「晋」の官吏に任官します。陳寿は著作郎という官位に登用されました。

著作郎は「魏」の時代に初めて置かれた官位です。「魏」では詔勅の立案や起草を行う中書省に隷属する官位でしたが、「蜀」では秘書省に属すると改められました。秘書省は、宮中の図書一般を管理し、国史を司る省です。

陳寿は、「魏」の政敵であった「蜀」の名将・諸葛亮の著作全集の執筆に取り組んで、これを上梓します。

陳寿は、諸葛亮の著作全集を、だいたいのところは諸葛亮を称賛する立場で書きました。

当然、気に入らない人々が出てきます。

陳寿が仕える「晋」は、「魏」から発した国です。

そんな「晋」王朝の官吏として、政敵だった「蜀」の将を称えるようなものを書く陳寿という人間は果たしてふさわしいのか、という話になりました。御用性と不忠が問われたのです。

陳寿をめぐる評価は二分したものの、このことで、陳寿は名声を高めたとされています。史家として、厳正な態度で仕事にあたっている人物だ、というのです。

つまり、前にも述べた通り、中国の歴史というのはこういうものなのです。

中国ではこの時代においてすでに、何者あるいは何事かを称賛する立場で歴史は書かれます。それについての批判は、今の政権政府にいるものとしてそれはふさわしいことなのか、という批判です。

中国の歴史書に、事実の分析としてどうなのかという視点は一切ありません。

中国の歴史書として最大限の賛辞を受けた『三国志』

陳寿はいよいよ、『三国志』の編纂を命じられます。

陳寿が『三国志』の編纂を命じられた時、官修の史書つまり公的な史書は三書ありました。

「魏」の歴史書として王沈《おうしん》という人が書いた『魏書』、「呉」の歴史書として韋昭《いしょう》という人が書いた『呉書』、もうひとつ「魏」の歴史書として魚豢《ぎょかん》という人が書いた私家版の『魏略』がありました。

『三国志』は『魏志』三〇巻、『蜀志』一五巻、『呉志』二〇巻の全部で六五巻（現存巻）からなります。「西晋」が統一して最初の元号・太康（二八〇～二八九年）の年間に完成されたとされています。

『三国志』の出来栄えは当初から高く評価されていました。人々は広く「叙事に善く、良史の才有り」と称えたといいます。

当時、「西晋」の政治家に、「魏」時代の名将だった夏侯湛《かこうたん》という人がいました。夏侯湛もまたこの時に、まったく同じ時代の「魏」の歴史書を書いていました。

しかし、夏侯湛は、陳寿の『三国志』を読んで、《陳寿の作る所を見、すなわち己が書をこぼちて罷む》と言ったと伝えられています。

夏侯湛は『三国志』の出来栄えに感心し、自分が書いていたものを壊して、書くのをやめてしまったというのです。

陳寿を著作郎に登用した、いわば官界における陳寿の庇護者・張華は『三国志』を、《正史として遇されるに値する》と、特級の賛辞を送りました。

『三国志』の評価は、いわば、他の追従を許さない名著、でした。

こうして『三国志』は、「不朽の名著」として、後世に継がれていくことになったわけです。

ただでさえ日本の歴史学者の中には中国崇拝学者が数多くいます。このような経緯からしても、『三国志』について、その記述は信頼するに値する、と思い込んだのは無理からぬことだと言うことができるでしょう。

陳寿は晩年、宮中の派閥抗争に巻き込まれました。失意の中で恵帝の時代、元康七年（二九七年）に六五歳でその生涯を閉じます。

陳寿の死後、『三国志』は「晋」王朝公認の史書として正史の地位を得ることとなりました。梁州の大中正尚書郎つまり州の人事院にいて皇帝の政務秘書も務めていた范頵《はんきん》を始めとする人々が働きかけたのです。

皇帝に奉った上表文にはこうありました。

「辭に勸誡多く得失は明らかにして風化に益有り。文艶は相如（司馬相如）にしかずといえども、質直は之に過ぐ」

『三国志』は、善悪と損得をはっきりとさせていて、人々の教化に役に立ち、文章の味わいは漢の名文人・司馬相如には及ばないけれども、実直・まじめであることは勝っている、と言っているわけです。

中国においては、これが歴史書に対する最大限の賛辞の言い方、ということになります。

『魏志倭人伝』の記述の不正確さ

このような経緯をもって作られ、中国の正史として公認された『三国志』の中の一文『魏志倭人伝』について、日本の学者はどうとらえているでしょうか。

「古代史」学者で京都大学名誉教授の上田正昭氏は、『邪馬台国と纒向遺跡』(奈良県立図書情報館編　学生社　二〇一一年)、また、『「大和魂」の再発見〈日本と東アジアの共生〉』(藤原書店　二〇一四年)に収録されている「邪馬台国と纒向遺跡」という論文で、『魏志倭人伝』を三つのパートに分けて解説しました。

『魏志倭人伝』の内容は大きく、倭にある国々と位置関係の記事、倭の風俗についての記事、政治と外交についての記事の三つに分かれるのです。

上田氏は第一に、読んだ人なら誰でもが疑うところの距離の記された土地名がどこであるのか、その問題が解決していないことを取り上げました。《帯方郡から、七千里あまり来たところで一つの海を渡り、千里あまり行くと対馬国に到着する》といった記述のことを指しています。

上田氏は第二に、「倭国」の風俗について説明する次のような記述に注目しました。

「その他の物産は、中国の儋耳《たんじ》・朱崖《しゅがい》と同じである。」

（前掲書『倭国伝 全訳注 中国正史に描かれた日本』）

『魏志倭人伝』は、倭の生活の様子や産物、そこにいる動物、使っている兵器などは儋耳・朱崖と同じだと書いています。

儋耳・朱崖の二つの地名は、中国の海南島のものです。そして、『魏志倭人伝』に書かれている内容は、一世紀頃に完成した『漢書』の「地理志」の「儋耳・朱崖」の条を引用したものだと上田氏は推測しました。

陳寿は、「倭国」の風俗を、海南島あたりと同じだと考えていたらしいのです。

「邪馬台国」の国内政治について、『魏志倭人伝』は次のように書いています。

「その国も、もとは、男を王としていた。男が王となっていたのは七、八十年間であったが国は乱れて、攻め合いが何年も続いた。そこでついに、一人の女性を選んで女王とし、卑弥呼と名づけた。神霊に通じた巫女で、信託により国を治め、人々を心服させた。年をとっても夫を持たず、弟がいてまつりごとを補佐した。」

（前掲書『倭国伝 全訳注 中国正史に描かれた日本』）

《男が王となっていたのは七、八十年間であったが国は乱れて、攻め合いが何年も続いた》という部分は、「倭国の大乱」という言葉で解釈するのが日本の歴史学者による通説となっています。

しかし上田氏は、これは大乱などではなく、単に政局が乱れただけだとしています。そして、《一人の女性》を立てたのも、部族たちが同盟して大乱を収めて「卑弥呼」なる王を立てたのではありません。《もとは、男を王としていた》ところで、嫡子の相続がなかったがために繋ぎとして《一人の女性》を立てたのだ、と述べています。

《神霊に通じた巫女で、信託により国を治め、人々を心服させた》という部分は、もとの漢文の読み下し文では《鬼道に事《つか》え、能《よ》く衆を惑わす》です。上田氏はこの部分を、「卑弥呼」が《鬼道》につかえたとはいうけれども、この鬼道とは道教のことに過ぎない、とします。

《年をとっても》のところは、もとの漢文では《長大》という言葉を使っています。上田氏は、「卑弥呼」の年が《長大》というのも、かなりの年を取った女性という意味ではなく、他の書の同語の解釈から、二〇代後半から三〇代の女性のことを指している、としています。

第三は、外交についての記事です。『魏志倭人伝』には、「倭国」から魏へ三回の使節の派遣があり、同時に、魏や帯方郡からも「倭国」に対して三回も使節が派遣されていることが書かれています。上田氏は、この記述を重視すべきだと述べています。

『日本書紀』には、日本側から魏に使節が送られたことは記してありますが、魏から日本に使節がやってきたなどということは何も記されていないのです。

これら上田氏の解説によってわかることは、陳寿が『魏志倭人伝』に書いたことがいかに不正確であるか、ということです。そしてまた、その不正確さによって、どんな解釈も可能になってしまう、ということです。

しかし、『魏志倭人伝』がいかに不正確であるか、といったことよりもはるかに重要なことがあります。不正確さを中心に指摘するならば、「卑弥呼」という名の女王が存在していたことが大前提として扱われることにもなりかねません。

重要なのはつまり、「卑弥呼」伝説というものが日本国内にあるのかないのか、ということです。

「卑弥呼」など存在しないことを知っている人々

私は二〇一四年に『日本の宗教 本当は何がすごいのか』(育鵬社)という本を出しました。この本を書いている時に、全国の神社を調査しました。するとと、非常に重要なことに気がつきました。「卑弥呼」神社というものがどこにもないのです。

神社が存在しないばかりでなく、この異端の存在を示唆するような土地の伝説さえどこにもありません。

平安時代の神社を網羅した『延喜式神明帳』という文書があります。延長五年(九二七年)にまとめられた律令の施行細則『延喜式』の巻九と十が神明帳です。

式内社つまり官幣社と国幣社という公のものとしては、全国どこにも「卑弥呼」神社の類がないのは当然でしょう。

しかし、神名帳がまとめられた後で創建された神社や、明らかにこの時代にはすでにあっても延喜式神名帳には記載されていない神社、つまり式外社にさえ、「卑弥呼」神社の類は存在しないのではないかと考えざるをえませんでした。

帯に《『記紀』に出てくる神々だけが神様ではない！》とうたった、『日本のまつろわぬ神々　記紀が葬った異端の神々』（新人物往来社編　新人物往来社　二〇一〇年）という本があります。京都大学名誉教授の宗教学者、鎌田東二氏らの共著です。

私はこの本を読んで驚きました。

「卑弥呼」のことが一切、言及されていないのです。

「卑弥呼」は、まさに《まつろわぬ神々》の筆頭であるはずです。それがどこにも言及されていません。

『古事記』と『日本書紀』には、「卑弥呼」も「邪馬台国」も登場しません。その名は一切、出てくることはありません。

『魏志倭人伝』に従うならば、「卑弥呼」こそは《鬼道に事え、能く衆を惑わす》、『日本のまつろわぬ神々　記紀が葬った異端の神々』というこの本においては、まさに《記紀が葬った異端の神》として扱われるべき存在でしょう。

「卑弥呼」はそれには当たらないとでもいうのでしょうか。

つまり、民俗学方面の研究者には、「卑弥呼」にまつわる何かを探す意図など最初からないということなのです。彼らは「卑弥呼」神など存在しないことを知っているということです。

それなら、なぜそれをはっきりと言って、「邪馬台国」論争にケリをつけないのだろうかと、私は思います。

昭和五七年に建てられた初めての「卑弥呼神社」

『古事記』と『日本書紀』が書かれたのは奈良時代のことです。『延喜式』は平安時代にまとめられました。

奈良あるいは平安のこの時点で「卑弥呼」神社のことが記されていないことは、百歩譲って、それはまだ「卑弥呼」神社の不在を証明するものではない、としてもいいかもしれません。

しかし、今日、学界もマスコミも「邪馬台国」の信憑性は確実であると思っているようです。

そうであればなおのこと、奈良・平安の時代以降に明らかになったものでもいいから、「卑弥呼」の伝承はどこかに残っているはずだ、「卑弥呼」を祀る神社や祠があってもいいはずだ、ということを重要視するべきです。

しかし、その視点での追求を学界もマスコミも最初から諦めています。すなわち、このこと自体が、「邪馬台国」は存在しないということの証でもあるでしょう。

「邪馬台国」の信憑性に確信があるのなら、日本のどこかに必ずあるはずの「卑弥呼」伝説なり、「卑弥呼」神社なりを調査してもいいはずです。

さて、実は「卑弥呼神社」は全国にたったひとつだけ存在します。インターネットで「卑弥呼神社」と検索すると出てきます。

たったひとつ存在する「卑弥呼神社」は鹿児島県霧島市隼人にあります。学界やマスコミからは無視されているようです。

なぜなら、この「卑弥呼神社」は昭和五七年（一九八二年）に建てられた「捏造」神社だからです。

鹿児島県霧島市隼人の「卑弥呼神社」は、「卑弥呼」についての妄想やファンタジーめいた興味、執着がいかに最近のものであるかを証明するものでもあります。神社脇に立っている「由緒」の看板には、次のように書かれています。

「中国の魏志倭人伝・古事記・日本書紀・延喜式等によれば、卑弥呼女王は日本建国最初の女王であったという。

茲に有志相集まり卑弥呼女王の居城隼人・国分地区に神社が建設されたことに、誠に慶賀にたえない。

天照大神は卑弥呼女王がその原型といわれ、ローマ神話のヴィーナスでもある。私共は卑弥呼を縁結びの神としてあがめ日本国土の永久に安泰と発展を祈ってやまない。
昭和五十七年四月吉日
郷土史家　松下寒山兼知」

この郷土史家は、鹿児島県霧島市隼人に「卑弥呼」の居城があったと信じているようです。多くの学者もまた、邪馬台国のあった地、卑弥呼がいた地についてそれぞれ様々に主張していますが、さすがにそこに神社までつくる自信はありません。

何百年かが経てば、この神社が「卑弥呼」が存在した証拠になるとでも信じたのでしょうか。ないものは作ってしまえとばかりに、この郷土史家は、まさに「卑弥呼神社」を建ててしまったのです。

戦後の日本国民には寝耳に水だった「邪馬台国」ブーム

鹿児島県霧島市隼人に「卑弥呼神社」を建てた郷土史家の歴史の「捏造」は批判されなくてはならないものでしょう。しかし、もっと大きなところから見て、二〇世紀、昭和の最後の時期になって初めて「卑弥呼神社」がつくられたことに私たちは驚かなくてはなりません。

昭和五七年に建てられた「卑弥呼神社」は、全国に八万社以上ある神社のうち、これ以外に「卑弥呼神社」はどこにもないということを世に知らしめました。このことは、実は戦後の「邪馬台国」ブームというものが、一般の日本国民にとって、まさに寝耳に水の話であったことを物語っています。

つまり「卑弥呼」というものは、日本各地の伝説にも、土地の記憶たる神社や祠というかたちにおいても、一切ないのです。何も残っていません。従って、「卑弥呼」は、そのもともとの不在が問われてしかるべきはずのものでした。

あらたに古墳が見つかるたびに、これが「卑弥呼」の墓ではないか、あれがそうではないかと、特にマスコミは騒ぎます。しかし「卑弥呼」の不在は、あらかじめ明らかなことでした。

学界やマスコミがいくら騒いでも、確たる証拠は何も出てきません。なぜなら、「卑弥呼」にまつわるべき肝心な土地の神社や遺跡、伝承といったものを誰も発見することができないからです。

『魏志倭人伝』に、魏帝が「卑弥呼」に銅鏡を一〇〇枚下賜した、ということが書かれています。

日本国内に銅鏡の出土は多く、弥生時代中期後半の遺跡から古墳時代の墳墓の発掘現場まで、現在までに四千面以上の銅鏡が発見されています。

発見された銅鏡の内の一部は「三角縁神獣鏡」でした。宮内庁所蔵資料のホームページでは次のように説明されています。

「その名のとおり鏡縁部の断面が三角形であり、更には、鈕の周囲に神像と獣像が表現されていることから、この名称が付けられた。」

そして、この「三角縁神獣鏡」こそ、魏帝が「卑弥呼」に下賜した銅鏡だと主張する研究者が少なくありません。

「三角縁神獣鏡」の出土をもって、「卑弥呼」が存在した確かな物的証拠のように言われます。しかし、これもまた、「卑弥呼」が存在したことを想定できるような証拠にはなりません。

「銅鏡百枚」と「三角縁神獣鏡」の関係は不明

魏帝が「卑弥呼」に一〇〇枚下賜したと『魏志倭人伝』に書かれている銅鏡は、一般的に

「卑弥呼の鏡」といわれています。

そして、現在までに約五六〇面が出土している「三角縁神獣鏡」が「卑弥呼の鏡」だとされています。

「三角縁神獣鏡」はすべて鏡径が二二センチ前後と、その大きさは一貫しています。奈良県立橿原考古学研究所研究員の水野敏典氏は、『古代史研究の最前線　邪馬台国』（洋泉社　二〇一五年）という本に「三角縁神獣鏡を科学する」というタイトルの論文を寄せていて、最新の研究結果として次のように述べています。

「製作地論争に結論を求めるには、他の中国鏡や倭の同時期の青銅製品の製作技法、弥生時代の銅鐸など三角縁神獣鏡以外に視野を広げて、時間的、空間的な青銅器生産における三角縁神獣鏡の技術系譜から探る必要がある。

「邪馬台国」がどこまで『魏志』に記載されたとおりに実在したのか、下賜された「銅鏡百枚」と三角縁神獣鏡がどのようにかかわるのか、まだまだ不明である。しかし、ほぼ同時期の銅鏡であることから「邪馬台国」の時代に生きた人々の姿を写した銅鏡という言い方はできるかもしれない。」

水野氏は、くわしく銅鏡の分析をしても『魏志』の「銅鏡百枚」との関係は不明だ、としています。

『魏志倭人伝』では他にも、金印紫綬、銀印青綬をはじめ、下賜された物品がいろいろと書かれています。しかし、どれもどこにも残っていません。

「邪馬台国」論者の間では「銅鏡」が、「卑弥呼」が存在した確かな物的証拠として最も蓋然性が高いと考えられています。しかし、右記にもある通り、「銅鏡百枚」と「三角縁神獣鏡」との関係は不明です。

卑弥呼の墓は出てこない

発掘調査から、過去、日本全国で数十万の古墳が造られたとされています。

帝京大学名誉教授の歴史学者、義江明子氏に『つくられた卑弥呼…〝女〟の創出と国家』（ちくま新書　二〇〇五年）という著書があります。義江氏は同書の「古墳に眠る女性首長」という項で、各地の女性首長のものと思われる古墳の例をあげています。

義江氏は、その内のどれかが「卑弥呼」の古墳である可能性を探っています。しかし、首長墳はそれぞれ様々にあっても、「卑弥呼」のそれと言えるものを指摘することはできずにいます。

明治四三年（一九一〇年）に東京帝国大学の白鳥庫吉教授が九州説、京都帝国大学の内藤湖南教授が畿内説を主張して以来、両説はせめぎあいを続けています。

そして、一九七〇年代から本格的な調査が始まり、現在も調査中の纏向遺跡は、特に畿内説における「邪馬台国」の候補地として有力視される、と言われてきました。

纏向遺跡は奈良県桜井市にある、弥生時代末期から古墳時代前期のものと考えられる集落遺跡です。

候補地として有力というのは、果たしてその通りでしょうか。『魏志倭人伝』に「邪馬台国」の様子が書かれていますが、纏向遺跡には何ひとつ、それを想像させるものがありません。

纏向遺跡は、たしかに、三世紀段階という古墳時代草創期における日本最大の遺跡です。

纏向遺跡では、地元の奈良盆地のものだけではなく、全国さまざまな地域で生産された土器が発見されています。その一方で、農耕具などの出土が少ないのが纏向遺跡の特徴です。

出土品の状況から見て、生活は盛んに営まれているけれども、農耕に携わっている人は少なかったと考えられます。そこで纏向遺跡が、日本列島における「都市の出現」の起点となった集落の遺跡であることは確かなこととなっています。

つまり、纏向遺跡は日本統一がなされて最初の都であった、ということになります。そこでの「最古の古墳」とされているのが、纏向石塚古墳や箸墓古墳です。

しかし、それであってもなお、『魏志倭人伝』にある《国は乱れて、攻め合いが何年も続いた。そこでついに、一人の女性を選んで女王と》した、つまり、統一して王となったとされる「卑弥呼」の存在を思わせる証拠は見出されていないのが現状です。

「邪馬台国」九州説を称える研究者の中には、纏向に出土した時の年代を一〇〇年近く新しく見るべきだ、と主張する人がいます。纏向遺跡が「邪馬台国」であるかもしれない、ということがよほど気に入らないのでしょう。

しかし、纏向遺跡の時の年代を変えることは無理なようです。桜井市纏向学研究センター主任研究員の橋本輝彦氏は、他の膨大な土器の編年を考えるとそれは無理だとしています。

橋本氏は、『日本の古代遺跡』（遠山美都男編　宝島社　二〇一五年）の中の「邪馬台国の最有力候補地として注目を集める纏向遺跡。長年の発掘調査から見えてきた真実とは何か」とタイトルされたインタビューで、次のように述べています。

「冷静に考古学的な観点から考えると、箸墓が発見されただけで、教科書を塗り替えるような大きな発見や成果があるとは思えません。卑弥呼が中国からもらったという「親魏倭王」の金印でも出てくれば別でしょうが（笑）、そういう可能性は極めて低い……ここ数十年、学問としての考古学はかなり研究水準が上がってきました。ひとつの古墳の発掘によって、大きな歴史が塗り替わるほどの余地はないと、私は思っています。」

箸墓古墳の発掘現場の主任研究員がはっきりとこう言っているのです。

もはや正直に言った方がいい

前項までに述べてきたことは、たいへん深刻な問題であると私は思います。

つまり、もはや正直に言った方がいい、ということです。

『魏志』の「倭人伝」は「倭国」のことを具体的に描いたものではありません。若干の同一性はあるにせよ、それを除けばすべてフィクションであり、歴史として検討するに値しません。

極端なことを言うな、と言われるかもしれません。これから証拠が出てくるかもしれないではないか、と抗弁されるかもしれません。

私は美術史が専門です。違う分野であるとはいえ、歴史研究を五〇年以上にわたって行ってきた私から言わせれば、ここまで証拠が出てこないものはこれからも絶対に出てきません。

この章で述べてきたように、『三国志』、その中の一部分である『魏志倭人伝』は、公式記録とはされていても、よく調査・分析したうえで事実に忠実に書かれたものではありません。

このような記録は信用するに値しないし、論争するのも無駄なことです。

『魏志倭人伝』によれば「卑弥呼」は権威的存在

ここで「卑弥呼」という名前自体について考えていきたいと思います。

非常に誤解の多いところです。「ひみこ」という読み方が「日皇子《ひのみこ》」の語感にも通じることから、太陽との関連性、天照大神との関連性などがもっともらしく語られ続けています。

前章からすでに参照していますが、『倭国伝 全訳注 中国正史に描かれた日本』（藤堂明保・竹田晃・影山輝國　講談社学術文庫　二〇一〇年）を参考とします。『後漢書』、『三国志』から一八世紀完成の『明史』まで、歴代のいわゆる中国正史に記載された日本の記述をまとめた本です。「倭人伝」の口語訳は本書によります。

『魏志倭人伝』は、まず、「倭国」は《その国も、もとは、男を王としていた。男が王となっていたのは七、八十年間であった》と書いています。その後、何年か乱れた末に、《ついに、一人の女性を選んで女王とし、卑弥呼と名づけた。神霊に通じた巫女で、信託により国を治め、人々を心服させた》としています。

ここで注目すべきは、《一人の女性を選んで女王とし》という部分です。

これは、男子と男子の戦いの後、卑弥呼が戦いに勝って王の地位についたわけではありません。

あくまでも、戦いの当事者だった男子たちが「共立」して卑弥呼に「王」を委ねた、という経緯を説明しています。つまり、戦争の勝利者よりも、巫女のような精神的な権威者を世の中が必要とした、ということになるでしょう。

そこで気をつけたいのは、その「卑弥呼」の宮室・楼観、つまり、住まいの様子についての表現です。『魏志倭人伝』は、次のように書いています。

「居室や宮殿・物見台・砦《とりで》をいかめしく造り、常に警備の者が武器を持って守っていた。」

（前掲書『倭国伝　全訳注　中国正史に描かれた日本』）

つまり、皆に「共立」されたことはされたのですが、決して安定した生活を送ったわけではない状態にあった、ということです。「王」となった以上は防御が必要になった、ということかもしれません。

いずれにしても、この「卑弥呼」の存在は権威的存在であって、戦いを実力で制することができるような権力的な存在ではありません。

「卑弥呼」は「倭国」の王ではない

「卑弥呼」のあり方は、一見、天皇のあり方に似ています。

天皇の場合には、一方に、藤原氏のような摂政関白として実際に政治を執り行う勢力があり、その上に立つ、霊的な権威の存在として天皇があります。

しかし、忘れてはいけないのは、「卑弥呼」なる女王は、倭国の中の一国に過ぎない「邪馬台国」の女王である、ということです。「倭国」の国々や島々は、「邪馬台国」の他にもいろいろとあります。

つまり「卑弥呼」は、天皇のような、「倭国」すべてを統一した上に立つ「権威」的存在ではない、ということです。

「卑弥呼」は、「倭国」の「王」的存在などではなく、あくまでも、数ある地方政権の中のひとつの国の「王」です。

女王たる「卑弥呼」が死亡した後のことを『魏志倭人伝』はこう書いています。


「かわって男王を立てたが、国中それに従わず、殺しあいをして、当時千余人が死んだ。そこでまた、卑弥呼の一族の娘で台与《とよ》という十三歳の少女を立てて王とすると、国がようやく治まった。」　（前掲書『倭国伝　全訳注　中国正史に描かれた日本』）

つまり、この国においては、巫女の家系の子孫を人々が尊敬していて、戦争で制するよりも家系を掲げて制したほうが国が安定する、ということを『魏志倭人伝』は書いていることになります。

つまりここには、家系を奉る、という国柄が書かれているということです。

これは、『魏志倭人伝』の作者が、日本の「天皇＝スメラミコト」の存在とそのあり方、精神的権威というものを、誰かから聞いたか、既存の文献を参考としたかして、このような記述に変えた、と考えられます。

しかし、あくまでも、神武天皇以来の「倭国」全体の権威を想定したわけではありません。

「卑弥呼」は「ひめこ」？

私は学生時代に、国立歴史民俗博物館の初代館長も務めた東京大学教授、井上光貞氏の「国史」の授業を聞きました。

井上光貞教授はある授業で、「卑弥呼」は「ひみこ」とは呼ばずに「ひめこ」と呼ぶべきだ、と述べていました。井上教授は著書『日本国家の起源』（岩波新書　一九六〇年）でも「卑弥呼」に「ひめこ」とルビをふっています。

しかし、「卑弥呼」を「ひめこ」と呼んだのは井上教授が初めてではありません。「ひめこ」と初めて呼んだのは、江戸時代の国学者、本居宣長です。宣長は邪馬台国九州説の始祖でもあります。

そして、井上光貞教授の前の東大教授、坂本太郎氏が「ひめこ」説を主張しました。その根拠は、九世紀から一〇世紀頃に成立した『元興寺縁起』や『上宮聖徳法王帝説』などの文献にありました。

それらの文献において、漢字仮名書きした人名や神名に、「め」と発音すべきところに「弥」の字が使用されている例が数多く見出されたからです。

これに対しての反論も紹介しておきましょう。考古学者の原田大六氏は『邪馬台国論争』（三一書房　一九六九年）という著書の中で、やはり「み」と読むべきだと述べています。

坂本教授が根拠とした先の二つの文献は「め」という特別な読み方をすべき統一性をもっていない、という主張です。

「卑弥呼」は「日皇子」を軽蔑した言い方

「卑弥呼＝ひみこ」というのはいかにももっともらしい名前であり、延々と、また数々の論争を生み、現在も未だに続いています。

いかにももっともらしい、というのは、「卑弥呼」を「ひみこ」とした場合、この名が、「ひのみこ＝日皇子」という『古事記』にも『万葉集』にも出てくる言葉と類似していることから生じています。

『万葉ことば事典』（青木生子・橋本達雄・青木周平　大和書房　二〇〇一年）の「ひのみこ」の項などによれば、日皇子は、日の神の子孫です。日のように輝く御子という意味で、天皇や皇太子、皇子の美称です。

「日皇子」は、天孫降臨の神話にもとづく表現です。天照大御神の皇孫であるニニギノミコトは、高天原から葦原中津国に降臨しました。

柿本人麻呂が、草壁皇子が薨去した際に詠んだ挽歌は次のような一節を含んでいます。

「高照らす　日の皇子は　飛ぶ鳥の　清御原《きよみ》の宮に　神《かむ》ながら　太敷きまして」

（万葉集　巻二挽歌一六七）

重要なのは、天孫降臨は古来、地上への降臨と統治との一連したものとしてとらえられている、ということです。

つまり「日皇子」という言葉には、天皇の神聖性を神話の起源に立ち返って確認し賛美する、という意味が込められています。

それを「邪馬台国」論争の人々は勘違いをしました。ほぼ結論ありきの期待を込めて、「日皇子」は「卑弥呼＝ひみこ」の正当性を示している、というように錯覚してしまったのです。

『万葉集』では、「日皇子」という言葉が出てきた場合、それが誰を指すのか明らかでない例がいくつかあるにせよ、天武天皇かその皇子、天武の皇后である持統天皇のいずれかを必ず指しています。

このことがまた、「卑弥呼＝ひみこ」を妄想させました。

つまり、天照大御神の皇祖神化、伊勢神宮の創建、国家神話の体系化といったことを、あたかも「卑弥呼＝ひみこ」という言葉が予知していたかのように日本の学者は感じてしまったのです。

日本の学者はこの感覚には真実性があるとしました。なぜなら、「卑弥呼」が「日の皇子」であるということは、戦後の潮流となった「万世一系の天皇家というものを疑う」という考え方をまさに裏付ける史料となるべきものだったからです。

「卑弥呼」は「日皇子」であるという論は、戦後の学者たちに、その捏造性も疑わせることなく、考察され続けました。つまり、ここではっきりと言えることは、「卑弥呼」は「日皇子」を軽蔑するために考察され続けている蔑視用語であるということです。

前項で述べた「ひめこ」説というものがあることからもわかる通り、「卑弥呼」と「日皇子」の関連は全くあやふやです。偶然似ていた、ということに過ぎません。

男子はみな刺青をしているという嘘

蔑視という視点から、もうひとつ押さえておかなければならないことがあります。『魏志倭人伝』には「黥面・文身」つまり顔や体への刺青についての記述があります。

一般的にもたいへん有名で、次のように書かれています。

「男子は、大小に関わりなく、みな顔や身体に刺青をしている。昔から、その使者が、中国にやって来るときにみな太夫と称した。夏后少康の子が、会稽に封ぜられると、髪を切り、刺青をして魚、蛤を採っている。(その時に)刺青をして大魚や水禽を避けるのである。その後、しだいに飾りとするようになった。諸国では、身体に刺青をするのにそれぞれ差異がある。あるものは左、あるものは右、あるものは大きく、あるものは小さく、その尊卑にもそれぞれ差がある」

(前掲書『倭国伝 全訳注 中国正史に描かれた日本』)

《夏后少康の子が、会稽に封ぜられると》という理解しにくい一節は、陳寿が夏王朝の故事として『史記』から引用している部分です。会稽という地域には断髪の習慣があったようです。

さて、日本人がこのことを読むか聞くかした場合、日本の《男子は、大小に関わりなく、みな顔や身体に刺青をしている》ということには決して納得しないでしょう。

しかし、『魏志倭人伝』を支持する学者は、これについてあまり抗弁しません。『古事記』『日本書紀』には記されていないからこそ貴重である、と言わんばかりの態度でいます。

たとえば遮光器土偶をはじめ、たしかに縄文土偶の中には、あたかも刺青をしているかのような姿が見られるものもあります。

しかしそれらは、決して皮膚の刺青を表現したものではありません。

縄文土偶は表面に凹凸があり、顔はむくむか、もしくは異形の表現となっていますが、身体はあくまでも衣服の表現でしかありません。刺青であると考えることができる形跡は存在しないと言ってよいでしょう。

『魏志倭人伝』に記述された時代は古墳時代です。刺青について言えば、当然、人物埴輪にその可能性を期待するかもしれません。

しかし、埴輪は文様をもちませんし、色彩表現が消えています。その可能性を探ることはできません。

「倭人」を軽蔑する材料として使った刺青の記述

畿内地方にのみ出土する人物埴輪に、『魏志倭人伝』が書いている通り、男子「みな」が刺青をしていた可能性を見る研究者もいます。

しかし、彼らが研究対象としている人物埴輪は、畿内に来た外来者の像であると考えるべきです。

本来の埴輪がもつあどけない姿は、埋葬者の霊性、神性を象徴化している、と考えられます。刺青があったとは考えにくいことです。

古来、畿内地方には刺青の習慣は存在しておらず、刺青の習慣をもつ地域の人々は外来の者として認識されていた、と考える方が正しいのです。なぜなら、『古事記』の「神武天皇紀」に次のような内容の記述があるからです。

「伊波礼毘彦命《いわれひこのみこと》（後の神武天皇）に仕えていた大久米命という地方豪族がいた。大久米命は伊波礼毘彦命に伊須気余理比売《いすけよりひめ》を娶らせるべく、伊須気余理比売のもとに求婚使者として出向く。伊須気余理比売は大久米命が黥利目《さけるとめ》（目の周囲に施された刺青）をしているのを見て驚いてしまった」

（筆者抄訳）

また、『日本書紀』の景行天皇段には、臣下の武内宿禰の東国視察報告の中に、刺青の話が出てきます。武内宿禰は「東国のいなかにある日高見国という国の人は男も女も体に刺青をしている」と報告しています。

『魏志倭人伝』における、《男子は、大小に関わりなく、みな顔や身体に刺青をしている》という記述は、陳寿が刺青を「倭人」を軽蔑する材料として使っている、と取るべきでしょう。

『三国志がみた倭人たち――魏志倭人伝の考古学』（設楽博己編　山川出版社　二〇〇一年）によれば、当時の中国では刺青は、刑罰の一種だったということです。

刺青ひとつの記述をとってみても、『魏志倭人伝』は、本来の日本とは異なる地域のことをもってきて書かれている、と考えるべきです。要するに『魏志倭人伝』は陳寿のフィクションです。

各地の記述のでたらめさ

前項まで、『魏志倭人伝』がいかに不正確であやふやなものか、また、それを支持する研究がいかに恣意的で作為に満ちたものかということを述べてきました。

この章の最後に、さらに少々、いかに『魏志倭人伝』が不正確また誤謬の多いものであるか、詳しい例をとりながら述べていきたいと思います。

『魏志倭人伝』には、約二〇〇〇字という短い中に、倭国各地の風習や文化が記述されています。最初に登場する対馬についてはこう記述されています。

「土地は山がちで険しく、深林が多い。道路は鳥や鹿のけもの道のようである。千余戸ある。良い耕地は無く、海産物を食べて生活している。」

（前掲書『倭国伝 全訳注 中国正史に描かれた日本』）

この記述を読む限り、土地の情報を取って、つまり取材して書いたという部分はほとんど見い出せません。海産物を食べて暮らしているなど、島国では言わずもがなの常識でしょう。

『魏志倭人伝』には、他に、一支国、末盧国、伊都国、奴国、不弥国、投馬国に続いて邪馬台国が登場し、さらに邪馬台国以北の国として、二〇国以上の国が並びます。

これらの国の記述の中には、距離に関する数字が出てくるものがあります。しかし、書かれている距離はまったく根拠を欠いています。

そのせいもあって、九州だとか中国地方だとか、これらの国々がどこを指すものかは研究者によって見解は様々に分かれます。記述自体も具体性を欠いており、陳寿の捏造と言う以外にはないでしょう。

「邪馬台国」の記述のでたらめさ

「邪馬台国」の記述について、国の名称や、七万戸だとかという規模、水行十日・陸行一月などとしてある距離などは無視していいでしょう。

陳寿がどのような種類の知識をもっていたかがわかるだけの話で、その具体的な数字などというのはまったく当てにはなりません。

ただし、でたらめが多いものの、事実と一致していることもいくつかはあります。

ここはまた、陳寿という官僚つまり当時の中国の知識人が日本のことをどの程度まで知っていたのか、ということが同時にわかる、興味深いところでもあります。

刺青については前に述べました。こうした習慣は、東南アジアのものをもってきて捏造したと考える以外にはありません。

「邪馬台国」の人々の姿形について、こう書かれています。

「その風俗は乱れていない。男子は皆なかぶりものをつけず、木めんを頭にまいている。衣服は、横幅衣で、ただ結んで連続させているだけで、ほとんど縫っていない。婦人は髪を結っているが、露出させている。衣は夜具の布のようで、その中央に穴をあけて、そこから頭を出している。」

（前掲書『倭国伝 全訳注 中国正史に描かれた日本』）

この記述はすべて嘘です。

『魏志倭人伝』が書かれた時代の人物埴輪を見ても、それは明らかです。人物埴輪の男子の多くはかぶりものをしています。木綿を頭にまいていると思われるものは少ないのです。

挂甲つまり、よろいかぶとで身を固めた男子像も数多く残っています。武器をもっているものもあります。

当時の日本人男性は、帽子が好きだったようです。さまざまな帽子をつけていて、それがお洒落だとされていたと考えられます。

帽子は、大きなつばのついた丸帽です。飾りや彩色をほどこしたものもありました。もちろん、みな、縫った服を来ています。女性も被り物をして、髪を露出させているようなことは多くはありませんでした。

布の中央に穴をあけてそこから顔を出しているようなこともありません。盛装の場合には、髪型も凝り、首飾りをしていました。つまり、誤りばかりがここには書かれている、ということです。

います。

「邪馬台国」の生活スタイルの嘘

『魏志倭人伝』は「邪馬台国」の産業や軍事、暮らしの様子について、次のように書いています。

「稲や紵麻を植え、蚕のまゆをあつめて織り、細い麻糸・絹織物・綿織物を作っている。その地には、牛、馬、虎、豹、羊、鵲がいない。武器には矛、盾、木弓を用いる。木弓は下を短くし、上を長めにする。竹の矢がらの鉄のやじり、または骨のやじり(を用いる)。……倭の地は温暖で、冬・夏には、生野菜を食べる。みなはだしである。部屋はあるが、父母兄弟は寝るところが異なる。朱丹をからだに塗っている。中国で粉を用いているようなものである。飲食には高杯を用い、手で食べる。」

(前掲書『倭国伝 全訳注 中国正史に描かれた日本』)

『魏志倭人伝』は「邪馬台国」では稲作が行われていて、麻、絹、綿の織物の技術が発達していることが書かれています。

動物については、虎、豹はいないものの、牛や馬はいました。乗馬の風習は、とくに関東を中心に一般化されていたことがわかっています。

また、武器に関係することとして、甲冑に太刀、靭を背負って弓を持つ姿が埴輪として残っています。

温暖な地であることは確かです。生野菜も食べていました。

しかし、はだしでなかったことは、埴輪を見てもわかります。

朱丹とは、赤い顔料のことです。これを体に塗ることは、前に述べた刺青と同じく、多くはなかったことでしょう。

「邪馬台国」の死生観の嘘

『魏志倭人伝』には、人の死にまつわる記述があります。

「死んだときには、棺はあるが、槨はない。土を積み上げて冢《つか》を作る。はじめ死んだときに、十余日間、もがりをする。そのときには肉を食べない。喪主は大声で泣き、他の人たちは、行って歌い舞い、飲酒する。葬りおわると、家中総出で、水中に行って洗い清め、練沐のようにする。」

（前掲書『倭国伝 全訳注 中国正史に描かれた日本』）

《槨》とは、棺を収める外箱や遺体を収める空間の囲いのことを言います。『魏志倭人伝』は「倭国」には《槨はない》と書いています。

しかし、この頃日本に、棺はあったが槨はなかった、ということはありません。石槨は、すでに存在していました。土を積み上げてつかを作る、ということ自体はその通りです。

ただし、箸墓古墳などを見ればわかる通り、墳丘墓の規模は、こちらもすでに巨大なものでした。

大声で泣いたり、歌い舞うことは、日本の葬式においてはいかにも一般的ではありません。

葬式の後で身を洗い清めるのはいいとしても、水中に入ることはありません。練沐とは、絹の衣をまとって水浴することです。

水中ということにまつわるこうした風習は、暑い東南アジアでは考えられることでしょう。当時の「倭国」の事情を考えても、ここに現実的なことが書かれているとは考えられません。

『魏志倭人伝』にはまた、「倭人」が海を渡って中国に行くときに用意される、《持衰《じさい》》と呼ばれる人の習慣について書かれています。

「髪をとかず、しらみをしりぞけず、衣服が垢で汚れるままにし、肉を食べず、婦人に近づかず、喪に服している人のようにしておく。これを名づけて持衰という。」「もし行く者が安全であれば、持衰に生口（奴婢）や財宝を送る。もし病気になったり、暴風の害にあったならば、すぐにそれを殺そうとする。その持衰が謹しまなかったためだと思うからである。」（前掲書『倭国伝 全訳注 中国正史に描かれた日本』）

《持衰》の《衰》とは粗末な喪服といった意味の漢語です。

《持衰》という習俗は、残酷な人質あるいは生贄のように思えますが、当時の海上旅行の危険性を考慮すればありえないことではありません。

『古事記』また『日本書紀』の景行天皇の段に、ヤマトタケルの海難のエピソードが記載されています。

ヤマトタケルが東征中、関東の走水の海に至った時に海が荒れ狂って先に進めなくなりました。現在の浦賀水道のあたりです。

ヤマトタケルには、后の弟橘姫《おとたちばなひめ》が随行していました。弟橘姫は海の神の怒りを解くために、「私は夫である皇子の身に代わって入水します」と念じます。

弟橘姫は、浪の上に菅畳、皮畳、絁畳をそれぞれ八重に敷いてその上に座り、入水しました。すると浪は穏やかになり、ヤマトタケルは船を進めることができました。

これと同じ役割を果たす人を、航海する主人のために家人は用意したのでしょう。おそらくは生口に依頼したのでしょうし、品物を献じもしたのでしょう。

ただ、このような風習は日本だけではなく、中国にも存在したことは確かです。なぜなら、陳寿は、この風習を説明するために、《持衰》という漢語を使っているからです。

「邪馬台国」の秩序維持の記述からわかること

『魏志倭人伝』は、「邪馬台国」の社会のあり方について次のように書いています。

「習慣として、身分の高い人はみな四、五人の妻をもっており、しもじもの家でも、ある者は二、三人の妻をもっている。女性はつつましやかで、やきもちを焼かない。追剥やコソ泥がなく、争いごとも少ない。法を犯した者は、罪の軽い場合はその者の妻子を没収し、重い場合は家族やその一族まで殺す。上下関係がはっきりしていて、目上の者は、目下の者を服従させるのに充分なだけ威厳がある。租税のとりたて制度がある。立派な家もある。国ごとに市場があり、物々交換をして有無あい通じ、これを大官に監督させている。」　（前掲書『倭国伝 全訳注 中国正史に描かれた日本』）

作者の陳寿には、「倭国」は秩序のある社会である、という情報はどうやら入っているようです。

やさしい女性の態度について書かれ、盗みや争いが少ない社会であることも書かれています。

目上の者に、目下の者が服従させるのに充分なだけの威厳があることについて述べているのは、「倭国」の特色をとらえていると言っていいでしょう。『魏志』の「東夷伝」の他の国々の条にはこういった記述はありません。

租税のとりたて制度があり、立派な家もあるということは、安定した社会であることを示しています。

とくに国ごとに市場があること、物々交換をしていて、これを大官が監督しているという指摘は、貴重なものでもあると言えるでしょう。

たいへんおおまかな記述ではありますが、他の史料と比較検討してみても、ここは当時の日本の様子と一致する部分もあります。当時の日本社会を知る上で役に立つということです。

この記述からは、陳寿は日本にはやって来ていないが、多少の情報は入手できる程度の状態ではある、ということがわかります。陳寿はそこから類推しているわけです。

『魏志倭人伝』にはまたこんな記述があります。

「下戸が道路で大人と逢ったときには、後ずさりをして草の中に入る。言葉を伝えたり説明するときには、うずくまったり、ひざまずいたりして、両手は地面について、恭敬の意を示す。答えるときには「噫《あい》」という。中国で「黙諾」（わかりました）というのと同じである。」（前掲書『倭国伝 全訳注 中国正史に描かれた日本』）

この礼儀についての観察は、多少の誇張はあったとしても間違えて記述するようなことでもないと思えます。

これは、魏の都・洛陽にやって来た倭人の態度を見て感じたところを書いたように見えます。

陳寿の記述は、倭国を直接見て書いたわけではなく、聞いたこと、読んだこと、都にいたままで見ることのできるだけのことから想像して書いたものです。その証拠に、こんな記述があります。

「倭の地理を参問するに、絶えて、海中、州島の上に在り。或いは絶え、或は連なり、周旋、五千余里可《ばか》りなり。」（前掲書『倭国伝 全訳注 中国正史に描かれた日本』）

《参問》というのは、人々に合わせ問う、という意味です。

つまり陳寿は、《参問》しただけで、直接行って調べたわけではありません。想像で書いている、ということなのです。

「倭」からの使節に関心を示さない陳寿

『魏志倭人伝』は、「卑弥呼」が魏に朝貢してきた様子を書いています。

「景初二年六月、倭の女王、大夫難升米等を遣わして（帯方）郡に詣《いた》らしめ、天子（のもと）に詣《いた》りて朝献せんことを求む。」（前掲書『倭国伝 全訳注 中国正史に描かれた日本』）

その後で、魏の皇帝から「卑弥呼」に対して詔書が与えられます。『魏志倭人伝』の中に登場する、日本と関係する唯一の公式文書です。

その詔書の内容を次に掲げますが、読んでみると、面白いことがわかります。

まず、卑弥呼が遣わした正使の大夫・難升米《なとめ》と副使の都市牛利《としごり》が、献上品として男奴隷六人、女奴隷六人、班織りの布二匹二丈をもって到着したということは確かに書いてあります。

しかし、陳寿は使節の様子に対してあまりにも無関心なのです。

陳寿は、難升米にも都市牛利にも会ってはいません。陳寿の生誕は二三三年で、この頃はまだ少年と言うよりは幼児ですから当然です。

とはいえ、この無関心さは不自然です。陳寿は、到着した二人の使者と十二人の奴隷についてはその様子などは何も述べていません。ただ「卑弥呼」に向けて魏帝が宣ったとして、次のように書いています。

「汝の住むところは、海山を請えて遠く、それでも使いをよこして貢献しようというのは、汝の真心であり、余は非常に健気に思う。さて汝を親魏倭王として、金印・紫綬を与えよう。封印して、帯方郡の太守にことづけ汝に授ける。土地の者をなつけて、余に孝順をつくせ。汝のよこした使い、難升米、都市牛利は、遠いところを苦労して来たので、今、難升米を率善中《そつぜんちゅう》、都市牛利を率善校尉《そつぜんこうい》とし、銀印・青綬を与え、余が直接あってねぎらい、賜り物を与えて送りかえす。そして、深紅の地の交竜の模様の錦五匹、同じく深紅の地のちぢみの毛織十枚、茜色の絹五十匹、紺青の絹五十匹で、汝の献じて来た貢物にむくいる。また、その他に、特に汝の紺の地の小紋の錦三匹と、こまかい花模様の毛織物五枚、白絹五十匹、金八両、五尺の刀二振り、銅鏡百枚、真珠・鉛丹をおのおの五十斤、みな封印して、難升米、都市牛利に持たせるので、着いたら受け取るように。その賜り物をみな汝の国の人に見せ、魏の国が、汝をいつくしんで、わざわざ汝によい物を賜ったことを知らせよ。」

「正始元年（二四〇）、帯方郡の太守、弓遵は、建中校尉《けんちゅうこうい》梯儁《ていしゅん》らを遣わして、詔と印綬を倭の国にもって行かせ、倭王に任命した。そして、詔と一緒に、黄金・白絹・錦・毛織物・刀・鏡、その他の賜り物を渡した。そこで倭王は、使いに託して上奏文を奉り、お礼を言って詔に答えた。」

（前掲書『倭国伝 全訳注 中国正史に描かれた日本』）

前項で《参問》について述べました。陳寿は《参問》つまり人々に合わせ問うということをして、伝聞による想像で『魏志倭人伝』を書いています。

《参問》によってこれまでに長く日本のことを書いてきたのであれば、陳寿自身、洛陽までやって来た倭人使節について、あるいは献上品として連れられてきた倭人奴隷にもっと関心をもって書いてもいいはずです。

引き続きやってきた倭人使節についても同じように関心を見せず、次のように書いているだけです。


「正始四年（二四三）、倭王はまた、大夫の伊聲耆《いとぎ》・掖邪狗《やぎく》ら八人を使いとして、奴隷・倭の錦、赤・青の絹、綿入れ、白絹・丹木・木の小太鼓・短い弓と矢を献上した。掖邪狗ら八人とも、率善中郎将の印綬をもらった。」

「正始六年（二四五）、詔を発して、倭の難升米に、黄色い垂れ旗を、帯方郡の太守の手を通して与えた。」（前掲書『倭国伝 全訳注 中国正史に描かれた日本』）

難升米もそうですが、伊聲耆も掖邪狗も、倭人の名前は漢字を見てもわかる通り、蔑称です。

倭の女王「卑弥呼」に関心を払わない日本

勅書というのは、重要な外交文書です。確かに、前項に掲げた内容の一部は『日本書紀』に記述されています。

しかし、『魏志倭人伝』にはこう書いてある、として注記のかたちで記録されているだけです。神功皇后三十九年、四十年、四十三年の記述です。

「三十九年、この年太歳己未。――魏志倭人伝によると、明帝の景初三年六月に、倭の女王は大夫難升米らを遣わして帯方郡に至り、洛陽の天子にお目にかかりたいといって貢をもってきた。太守の劉夏は役人をつき添わせて、洛陽に行かせた。

四十年、――魏志にいう。正始元年、建中校尉梯儁らを遣わして詔書や印綬をもたせ、倭国に行かせた。

四十三年――魏志にいう。正始四年、倭王はまた使者の大夫伊聲者掖邪ら、八人を遣わして献上品を届けた。」

（『全現代語訳　日本書紀』宇治谷孟　講談社学術文庫　一九八八年）

これらはすべて、本文とは別扱いの補注として書かれています。

『日本書紀』の著者は、『魏志倭人伝』つまり中国の正史『三国志』に書かれているから、という理由でこれを記しているに過ぎません。

『日本書紀』のこの無関心、「倭国」側の立場であるのに、魏から送られたところの詔書にも印綬にも『日本書紀』が何の関心も払っていないことは、いったい何を意味するのでしょうか。

これはつまり、倭の女王「卑弥呼」に、日本人が何の関心も払っていないということと関連するのではないでしょうか。

『魏志倭人伝』に日本の歴史に通底するものはない

ここに、難升米や都市牛利といった名の人物は、本当に倭からやってきた使節なのだろうか、という疑問が湧いてきます。

正式使節の名をこのような蔑称で書く必要があったのかどうか、そこからすでにおかしいわけです。

前項で掲げたように、たしかに『日本書紀』は、神功皇后の条で、使節のことを注で記していますす。しかし、一読すればわかる通り、これらの使節は朝廷から送った使節としては書かれていません。

『魏志倭人伝』にはこう書かれているというだけのこととして、他人事のように記してあるに過ぎないのです。

注として記しているのですから『日本書紀』の著作者は『魏志倭人伝』を読んでおり、魏の皇帝の詔書の内容を知っているはずです。しかし、内容について、一切触れていません。つまり、『日本書紀』の著作者は魏の皇帝の詔書を完全に無視したことになります。

このことは実に、難升米や都市牛利といった名の使節は日本の朝廷が送ったものではない、ということを示してはいないでしょうか。

つまり、『三国志』の『魏志倭人伝』に残されている魏帝から「卑弥呼」への詔書は、その存在自体、信用に足るものなのだろうか、ということです。

陳寿が「倭国」について《参問》で書き綴っていく流れの中で書かれたものに過ぎず、詔書自体が創作ではなかったのか、という本質的な疑問です。

公式文書に捏造などはありえない、と日本の研究者は考えるに違いありません。

しかし陳寿の『三国志』は、少なくとも『魏志倭人伝』に限って言えば歴史記述などではなく、「倭国」は海南島方面にある一地域であろうと考え、海南島方面のことを想像して書いたものです。

そこに、日本の歴史に通底するものはない、と言ってよいのです。

『三国志』は中国人中心の「歴史物語」

『三国志』は、《中原に鹿を追う》精神が作り出した中国人中心の「歴史物語」です。私たち日本人はまず、ここを問題にしなければなりません。

《中原》は天下を意味します。

《鹿》が意味しているのは政権です。

地理的には、「中原」は黄河の中下流域の平原を指します。

中国文明はここに始まったとされる古代王朝・周の王都が、かつて「中原」の中心にありました。後世の中国人は、ここを取れば天下を手に入れることができ、かつての周のように繁栄すると考えました。

この思想は同時に、中国人のひとりよがりの世界観ともなりました。その世界観つまり中華意識とは、中国の皇帝ないし天子が世界の中心であるとする、自民族中心主義の意識です。

『三国志』を貫いているのは、「中原」を目指した、魏・蜀・呉、三国の覇権争いの物語です。

そんな物語の中で、隣国の日本など、単なる朝貢国の存在でしかありませんでした。

なのです。

中国にとって周辺諸国は朝貢国に過ぎず、すべて蔑称で扱うべき、取るに足りない存在

『魏志倭人伝』には、「邪馬台国」は隣国の「狗奴国」とたいへん仲が悪く、たびたび戦争になったと書かれています。常に「魏」が仲裁してことを収めた、としてあり、中華意識はこういったところにも表れています。

日本の学者は、『魏志倭人伝』にのみ登場する「邪馬台国」と隣国の「狗奴国」、この二国の存在がどんなことを意味しているのかさえ判断できずにいます。

「邪馬台国」は「魏」にとって、朝貢してきただけの一周辺勢力です。

『三国志』の編纂者としての陳寿にとっては、周辺の朝貢国の話など適当にまとめておけばいいだけのものでした。

伝聞したわずかな知識を使って想像で組み立てたところで、中国にとっては何の問題もありませんでした。

つまり『魏志倭人伝』とは、そういう文書です。

第三章　日本のあらゆる文献に一切登場しない卑弥呼

「卑弥呼」が書かれているとすれば『風土記』

『古事記』『日本書紀』に書かれている神々として、またその家系としても、「卑弥呼」の存在が出てくることはまったくありません。

『古事記』『日本書紀』は中央の政府が編纂したものです。

それを考慮すれば、中央政府に滅ぼされた地方豪族の系譜に「卑弥呼」の存在はあるかもしれない、と考えることはできます。

朝廷の公式文書として『古事記』『日本書紀』以外に、各地の『風土記』が奈良時代に編纂されています。

和銅六年（七一三年）、朝廷は、諸国の国司に、それぞれの土地の産物や土壌肥沃度、山川原野の名前の由来、古老の伝える昔の出来事などをまとめて文書にし、報告するように命じました。国司とは、今の県知事のような立場にいる役人です。

『風土記』はそういうものでしたから、「卑弥呼」が確かに存在するものであれば、そこに書かれている可能性はあります。

「卑弥呼」は、大和政権が列島各地に勢力を広めていく途上において滅ぼされた、土着の勢力の一人であったかもしれません。

大和政権が列島各地に勢力を広めていく途上において滅ぼされた土着の勢力として代表的なものに、「土蜘蛛」という名で伝えられる部族の存在があります。「土蜘蛛」は、朝廷の側から見たところの蔑称です。

この「土蜘蛛」の名で呼ばれた各地の首長の中に「卑弥呼」に関連する何かがあってもおかしくない、とは考えられます。

九州地方は、とくに「卑弥呼」の存在が有力視されている地方です。九州の『風土記』になんらかの関連を探す手立てがあるかもしれません。

「土蜘蛛」が「卑弥呼」である可能性

現在の大分県にあたる豊後国の『風土記』には多くの「土蜘蛛」が登場します。今の大分県日田市天瀬町五馬市がその町名に由来を残しているとされていますが、五馬山あたりを治めていた女首長・五馬媛をはじめとする七人です。

豊後国の「土蜘蛛」は、速津媛という同地の一勢力の女首長の密告によって、朝廷に滅ぼされました。『豊後国風土記』の速見郡の条に、次のように残っています。

「此の村に女人あり。名を速津媛といいてその処の長たりき。即ち、天皇《すめらみこと》の行幸を聞きて、親自ら迎え奉《まつり》て、奏言《もう》しく、「此の山に大きなる磐窟《いわや》あり、名を鼠の磐窟といい、土蜘蛛二人住めり。その名を青・白という。また、直入《なおり》の郡《こおり》の禰疑野《ねぎの》に土蜘蛛三人あり、その名を打猨《うちさる》・八田《やた》・国摩呂という。この五人《いつたり》は、並《ならび》に為人《ひととなり》、強暴《ちはや》び、衆類も亦多《またきわ》にあり。悉皆《みな》、謡《ことあげ》していえらく、「皇命《おおみこと》に従わじ」といえり。若し、強《あなが》ちに喚《め》さば、兵《いくさ》を興して距《ふせ》ぎまつらん」ともうしき。ここに、天皇、兵《いくさびと》を遣《や》りて、その要害《ぬみ》を遮《さ》えて、悉《ことごと》に誅《つみな》い滅ぼしたまいき。斯《これ》に因りて、名を速津媛の国といいき。後の人、改めて速見の郡という。」

（『新編日本古典文学全集五　風土記』小学館）

ここに登場する天皇は景行天皇です。景行天皇が熊襲征伐にやって来た時に、「処の長」だった速津媛が天皇を出迎えて当地の情勢を上奏し、五人の土蜘蛛を滅ぼしてもらったことが書かれています。

速津媛は女性の長です。部族の上に立ちます。「邪馬台国」の「長」である「卑弥呼」に似ていないことはありません。

「卑弥呼」は、戦いの後に「邪馬台国」に立った「長」です。速津媛もまた、朝廷と土蜘蛛との戦いの後に「速津媛の国」の「長」となっています。

状況は似ています。しかし、速津媛の場合は、折からの天皇の行幸に合わせて、敵対する族を殺してもらい、この地の「長」としての地位を確固たるものにした、という物語です。

一方、「卑弥呼」の場合は、あくまでも、戦争の後に「共立」され、権威者としての「王」となった存在です。そして速津媛は、政治を実際に執る権力者です。

速津媛は権力者としての「長」としてふるまっています。

つまり、『風土記』の「長」たちは、明らかに各国の権力者としての「長」です。「卑弥呼」とは存在意義が異なります。

神と化した「土蜘蛛」の中に「卑弥呼」はいるか

権力者ではなく、「神」と化した「土蜘蛛」の例があります。『豊後風土記』の日田郡の条に、次のように書かれています。

「この郡《こおり》に幸でまししに、神あり、名を久津媛という。人と化為《な》りて参迎《まいむか》え、国の消息《ありさま》を弁《わきまえ》申しき。斯《これ》に因りて久津媛の郡といいき。今、日田の郡と謂うは、訛《よこなま》れるなり。」

（前掲書『新編日本古典文学全集五　風土記』）

久津媛は、熊襲征伐から凱旋する途中の景行天皇を迎えました。久津媛という女性首長は、人と化した「神」であるとされています。

つまり久津媛は巫女的な存在でもあったことが示唆されています。たしかに『風土記』の「土蜘蛛」の中に、「卑弥呼」的な存在として推し量れるものが見られないことはありません。

しかし、『風土記』においてそれらは、あくまでも「すめらみこと＝天皇」に従う形で語られます。「王」として、つまり天皇を無視した独立的存在として語られることはありません。

今の兵庫県西部にあたる播磨、島根県あたりに相当する出雲といった国の『風土記』には「土蜘蛛」は一切登場しません。そのような存在は、中国地方や近畿には存在しないことを物語っています。

いずれにしても、「土蜘蛛」の中に「卑弥呼」的存在はない、と言っていいでしょう。

『風土記』に登場する女神たち

『風土記』には数多くの女神が登場します。その中には、『古事記』『日本書紀』には登場しない女神もたくさんいます。

女神が男神と争って勝つ話もたくさん残されています。たとえば『播磨国風土記』の讃容の郡の条の冒頭には、こんな話があります。

「讃容《さよ》という所以《ゆえん》は、大神妹背二柱、各競いて国占めまししときに、妹玉津日女《たまつひめ》の命、生ける鹿を捕らえ臥せて、その腹を割《さ》きて、稲をその血に種《ま》きたまいき。すなわち、一夜の間に、苗生う。すなわち取りて殖えしめたまう。ここに、大神勅云《の》りたまいしく、「汝妹《なにも》は、五月夜《さつきよ》に殖えつるかも」とのりたまいき。すなわち他《あた》し処に去《い》き。故《か》れ、五月夜の郡と号《なづ》け、神を讃用都比売《さよつひめ》の命と名づく。今も讃容に町田あり。すなはち鹿放ちし山を、鹿庭山《かにわやま》と号く。山の四つの面《おもて》に十二の谷あり。皆鉄《まかね》を生《い》だせり。」

（前掲書『新編日本古典文学全集五　風土記』）

「妹背（夫婦）の神と田植え」の伝承です。大神とは、播磨の国をつくり固めたという伊和《いわ》大神です。

このイワ大神と妻のタマツヒメ命が、この讃容の土地の占有を争っていました。そんな時にタマツヒメ命が、生きた鹿を捕らえてその腹を割き、吹き出た血を苗代にして稲の種をまきました。

すると、一夜のうちに苗が生えました。そこでタマツヒメ命は、すぐさま、その苗で田植えをさせました。この地は自分のものである、という既成事実をつくろうとしたわけです。

イワ大神はこの、奇跡的な田植えの様子を見て驚き、「おまえは五月夜に田植えをしたんだな」と言い、土地争いをあきらめて帰っていきました。夜に田植えをすることはタブーとされていて、ここには、規則を破ったからおまえは勝ったのだ、というイワ大神のやっかみ半分の気持ちが出ています。

土地の記憶にも残り、神社としても残る女神たち

前項の「妹背の神と田植え」の伝承によって、土地の名前として《五月夜の郡》があり、鹿の腹を切り裂いた山の名として《鹿庭山》があります。鹿庭山からは鉄が出て、土地の人々は豊かになったとされています。

タマツヒメ命、後のサヨツヒメ命は田植えの競争に勝ちました。鹿の呪力と霊性を使ってみごとにイワ大神に勝ったわけです。

『風土記』は、八世紀の編纂ですが、それまで数千年にわたって伝えられてきた各地の伝承を記録したものです。

そうした伝承、伝説は、『風土記』以前にすでに、あらかじめ中国まで伝わっていた可能性があります。

『魏志倭人伝』には、「卑弥呼」に対する《鬼道に事え、能く衆を惑わす》という批判めいた記述があります。

その裏には、もしかすれば「妹背の神と田植え」のような、こうした伝承の具体性があったのかもしれません。

タマツヒメ命は、鹿の霊性と呪力を使って大地の豊穣性を引き出しました。

陳寿のような他国の人から見れば、怪しいだけの「鬼道」ということに値するかもしれません。

サヨツヒメ命の別名である「タマツヒメ命＝玉津日女命」という名にしても、「玉」という言葉から、神霊が依りつく巫女を神格化したものであることがわかります。これは「卑弥呼」のシャーマニズムとも対応するところです。

しかし、この「妹背の神と田植え」のような伝承の中の女神でも、兵庫県の佐用郡佐用町には佐用都比売神社があり、しっかりと祀られています。

佐用都比売神社は、『延喜式神名帳』に記載の式内社・佐用都比賣神社に比定されている神社です。

「卑弥呼」には、こういったことが一切存在しません。

「卑弥呼」と橋姫の伝説

『風土記』では、「卑弥呼」のような「王」の家系はまったく語られていません。

『風土記』には各地の女神の話が多く、たとえば、有名な橋姫の伝説も、そうした女神の物語です。

橋姫は名前の通り、もっぱら橋のたもとに祀られている神です。川そのものの神でもあります。

橋姫の伝説は「宇治の橋姫」と呼ばれ、『山城国風土記』の逸文として、次のように残っています。逸文とは、『風土記』として編纂されたものの書物としては残っておらず、後世の文献に引用されて伝えられている記述のことです。

「宇治の橋姫、七尋の和布《わかめ》をつわりに願いける程に、男（橋姫の夫）、海辺に尋行きて、笛を吹けるに、竜神めでて婿にとれり。姫、夫を尋ねて海のはたに行けるに、老女の家あるに行きて問う程に、さる人は竜神の婿に成りておわするが、竜宮の火をいみて、此れにて物を食するなり。その時にみよと云ければ、かくれ居て見、之に、竜王の玉の輿にかかれて来て、供御を食しけり。さて女、物語して、なくなく別れけり。遂には帰りて彼女につれたりと云り。」（前掲書『新編日本古典文学全集五　風土記』）

橋姫が妊娠してつわりになり、ワカメを欲しがったので夫は海辺へワカメを拾いに行きます。

夫が海辺で笛を吹いていると、それを聞いた竜神が気に入り、夫は龍神の婿にされてしまいます。

橋姫は夫を探しに出かけます。海辺に老女が住む家があり、聞いてみると、竜神がさらっていったとのことです。

しかし、夫は帰ってきました。なぜなら、夫は、竜宮で煮炊きした食べ物を口にしなかったからです。

このあたりは、イザナギ・イザナミの黄泉の国の神話と呼応します。イザナミが黄泉の国から戻れなかったのは、すでにイザナミが黄泉の国の食べ物を口にしてしまっていたからでした。

黄泉戸喫《よもつへぐい》という言葉はここから生まれました。あの世の食べ物を食べてしまう、という意味です。

橋姫の夫は無事に戻ってきて、橋姫とその後もともに暮らします。こうした伝説上の女神でさえ、日本人は語り継ぎます。

平安時代成立の『古今和歌集』には、次の歌が収録されています。

「さむしろに　衣かたしき　今宵もや　我をまつらむ　宇治の橋姫」
（六八九番　巻第十四　恋歌四）

「千早ふる　宇治の橋守　なれをしぞ　あはれとは思ふ　年のへぬれば」
（九〇四番　巻第十七　雑歌上）

一一世紀の初頭成立とされる紫式部の『源氏物語』五四帖の中には、そのものずばりの「橋姫」という帖もあります。

一方、「卑弥呼」にはその伝説にまつわる歌などといったものは何も伝わっていません。「卑弥呼」が「日の御子」と関係があるのだとすればなおのこと不思議です。

霊力のありかが明らかな『風土記』の神

『風土記』にも「聖母神」がいます。

たとえば、『常陸国風土記』の那賀の郡の条に、次のような「晡時《しれ》臥山《ふしのやま》」という話が残されています。

「茨城の里。此より北に、高き丘あり。名を晡時《しれ》臥山《ふしのやま》と曰う。古老の曰えらく、兄と妹の二人あり。兄の名は努賀毗古《ぬかびこ》、妹の名は努賀毗咩《ぬかびめ》という。時に妹室にあれば、人あり、姓名を知らず。常にいたりて求婚《よば》い、夜来たりて昼去る。遂に夫婦《いもせ》となりて、一夕に懐妊《はら》めり。産むべき月に至り、ついに小さき蛇を生めり。明くれば言なきがごとく、闇《く》るれば母と語る。ここに、母と伯と驚き奇《あや》しび、心に神ならむとおもう。すなはち浄き杯《つき》に盛り、壇《まつりどの》を設けで安置《お》けり。一夜の間に、已に杯の中に満てり。更、瓮《ひらか》の内に満ちぬ。此くのごときこと三たび四たび、器を用い敢えず。母、子に告げて云いしく、「汝《いまし》が器宇《うつわもの》を量るに、自ずから神の子と知りぬ。我が属《やから》の勢いにては、養長《ひた》すべからず。父のいませるに従《ゆ》くべし。此にあるべからず」といいき。時に子哀しみ泣き、面を拭いて答《こた》云へけらく、「謹みて母の命を承りぬ。敢えて辞《いな》ぶるところなし。然れども、一身《みひとつ》の独り去かば、人の共に右《たす》くるものなし。望請《ねが》わくは、矜《あわれ》みて一小子《わらわ》を副えたまえ」といいき。母云わく、「我ぎ家にあるは、母と伯父とのみ。是れ亦、汝明らけく知れるなり。人の相従うべきもの無けむ」という。爰《ここ》に、子、恨みを含みて、事吐《ものい》わず。決別《わか》るる時に臨みて、怒怨《いかり》に勝《た》へずて、伯父を震《ふ》り殺して天に昇りき。時に母驚《おどろ》動きて、盆《ひらか》を取りて投げしかば、子に触《ふ》りて昇ることを得ず。因りてこの峰に留まりき。盛りたる瓮と甕《みか》は、今も片岡の村にあり。」

（前掲書『新編日本古典文学全集五　風土記』）

「晡時《くれ》臥山《ふしのやま》」の「晡時」とは、申の刻、今の午後四時頃のことで夕暮れを意味します。この「晡時臥山」に、ヌカビコとヌカヒメの兄妹が住んでいました。妹のヌカヒメのところに、素性のわからない男が通ってきて求婚をします。結婚して夫婦になり、一夜にして身ごもります。

ヌカヒメが生んだのは小さな蛇でした。その蛇は、昼間は黙ってじっとしていますが、夜になると母のヌカヒメと会話をします。

この蛇の伯父にあたるヌカビコは、不思議に思います。神の子だと判断して、杯に蛇を入れ、祭壇をつくって安置しました。

小さかった蛇は一夜にして成長し、杯に収まりきれなくなります。ヌカビコは何度か器を入れ替え、最後には瓮に入れました。瓮とは、今で言うカメのことです。

蛇は異常に成長します。入れる容器もなくなったので、ヌカヒメは我が子であるところのその蛇に、もうこれ以上は養育できないから、父である神のところに帰りなさい、と言いました。

蛇は、従者を一人つけてくれればお母さんの云うことに従いましょう、と言います。しかし、兄と妹の二人しかいませんでしたから、ヌカヒメは断ります。

蛇は別れる時になって怒りをあらわにし、ヌカビコを雷で打って殺しました。ヌカヒメは驚きます。

天に昇ろうとした蛇に向かって、ヌカヒメは、我が子であるところの蛇をその中で養育していた瓮を投げつけました。

瓮が当たった蛇は霊力を失って天に昇ることができずに、「晡時臥山」にのこることになりました。

この話は、有名な三輪山の神婚譚に通じます。三輪山の神婚譚とは、『日本書紀』の崇神天皇十年九月の記事として書かれている次のような話です。登場している倭迹迹日百襲姫は、孝元天皇の娘です。

「倭《やまと》迹《と》迹《と》日《ひ》百《もも》襲《そ》姫命《ひめのみこと》は、大物主神の妻となった。けれどもその神は昼は来ないで、夜だけやってきた。倭迹迹日百襲姫命は夫に言いった。「あなたはいつも昼はおいでにならぬので、そのお顔を見ることができません。どうかもうしばらく留まって下さい。朝になったらうるわしいお姿を見られるでしょうから」と。大神は答えて「もっともなことである。あしたの朝あなたの櫛函に入っていよう。どうか私の形に驚かないように」と。倭迹迹日百襲姫命は変に思った。明けるのを待って櫛函を見ると、まことにうるわしい小蛇《こおろち》がはいっていた。その長さ太さは衣紐《したひも》ほどであった。驚いて叫んだ。すると大神は恥じて、たちまち人の形になった。そして「お前はがまんできなくて、私に恥をかかせた。今度は私がお前にはずかしいめをさせよう」といい、大空を踏んで御諸山（三輪山）に登られた。倭迹迹日百襲姫命は仰ぎみて悔い、どすんと座りこんだ。そのとき箸で陰部を撞いて死んでしまわれた。」

（前掲書『全現代語訳　日本書紀』）

倭国の実情をほとんど知らなかった陳寿

『魏志倭人伝』に「卑弥呼」はシャーマンとして書かれています。しかし、「卑弥呼」が何かの化身であるという示唆はありません。

《夫婿なく》と記述してあるところに注目すれば、「卑弥呼」が独身であることは、後の女性天皇を想像させる部分もあります。

日本では、女性の「王」が、あくまで男系の「王」の家系の中継ぎであることが意識されているると見ることもできるでしょう。

もちろん、『魏志倭人伝』の時代には、そうした日本の皇位継承の伝統はまだ知られていなかったでしょう。その説明の配慮がないのは当然かもしれません。

しかし、このことからも、『魏志倭人伝』の作者・陳寿は、倭国の実情をほとんど知らなかったことがわかります。

また、ここまでに述べてきた『風土記』あるいは『日本霊異記』にあるような、日本人は自然と結びついた存在である、ということを示唆するような記述は『魏志倭人伝』にはありません。これもまた、陳寿は倭国の実情をほとんど知らなかったことの証拠のひとつです。

日本人は自然と結びついた存在である、ということから考えてみた場合、たしかに『魏志倭人伝』には、次のように、山のことが書かれてはいます。

「その山には丹がある。その木にはクス、トチ、クスノキ、ボケ、クヌギ、スギ、カシ、ヤマグワ、カエデがある。その竹にはシノダケ、ヤダケ、カズラダケがある。またショウガ、タチバナ、サンショウ、ミョウガがあるが、滋味があることを知らない。

オオザル、キジがいる。」　（前掲書『倭国伝 全訳注 中国正史に描かれた日本』）

《丹》とは、山の赤土を指しているようです。

ここに書かれている樹木や竹、猿や雉はたしかに日本に存在しますから、あたかも日本の自然を述べているかのように見えます。

しかし、もうひとつ、別の視点で考えてみる必要があります。

どんな樹木があるかについては書かれていますが、山に対する信仰がある、とは書かれていないのです。

民俗信仰、民間伝承の中に「卑弥呼」はいるか

日本の民俗神は多彩です。民俗信仰、民間伝承などで昔から伝わっている女性神は多くいます。

もしも「卑弥呼」が日本の歴史の中に残っているとするならば、そうした民俗信仰、民間伝承の中になんらかの形があるはずです。

とくに「卑弥呼」が、《鬼道に事え、能く衆を惑わす》「女王」の存在であるならば、ここにある言葉通り「鬼女」や「鬼婆」のイメージと合致するかもしれません。

「女性の霊力」というものをまさに体現しているのであれば、「卑弥呼」という女神信仰に残るはずです。

「卑弥呼」は何せ、女性の「王」なのです。

民俗学者・柳田国男に「妹の力」という考え方があります。一九四二年に創元社から発刊した同名の著書『妹の力』の中で述べた、女性の霊力への呪術的な信仰についての考え方です。

柳田国男は『妹の力』の中で、こんな実例を引いています。

「最近に自分は東北の淋しい田舎をあるいていて、はからずも古風なる妹の力の、一つの例に遭遇した。盛岡から山を東方に越えて、よほど入り込んだ山村である。地方にも珍しい富裕な旧家で、数年前に六人の兄弟が、一時に発狂をして土地の人を震駭せしめたことがあった。(中略)

発病の当時、末の妹が十三歳で、他の五人はともにその兄であった。不思議なことには六人の狂者は心が一つで、しかも十三の妹がその首脳であった。例えば向こうからくる旅人を、妹が鬼だというと、兄たちの目にもすぐに鬼に見えた。打ち殺してしまおうと妹が一言いうと、五人で飛び出していって打ち揃って攻撃した。」

「妹の力」とは、このように、姉妹が兄弟を目に見えない精神的な力で支配することを言います。

『魏志倭人伝』は、「卑弥呼」が独身であることに続いてこう書いています。

「男弟ありて、佐《たす》けて国を治める。」

（前掲書『倭国伝 全訳注 中国正史に描かれた日本』）

「卑弥呼」と《男弟》との関係は、柳田が民俗学的に研究して日本の中に見つけた「妹の力」と似ていると言うことはできるでしょう。

「卑弥呼」と「山姥」

「卑弥呼」が「霊性」と「魔性」を併せもつのであれば、「山姥」ということになるかもしれません。

「山姥」は一方で「鬼婆」の名で呼ばれます。

「山姥」には「山」がついています。山と大いに関係する「山の神」です。

「邪馬台国」の「邪馬」もまた、音から考えて「山」と共通すると考えることはできるでしょう。そのような共通性からも、「卑弥呼」は「山姥」となってどこかに残されている可能性はあります。

古来、日本人は、深い山には先祖の霊が住み、神が住むと考えてきました。

そうした「山の神」が里に降りてきて豊穣をもたらす、という民間信仰が「山姥」信仰です。

民俗学者の宮田登氏は、『宮田登　日本を語る　（一一）女の民俗学』（吉川弘文館　二〇〇六年）の中で次のように述べています。

「山の神は、女性神であり出産に関与する、多産の女神であるという民間伝承があり、山姥イメージがそうした山の神信仰を背景にしていることは間違いない。」

しかし、宮田登氏の研究にも、「卑弥呼」に関する追求は見出せません。

これはおそらく、「卑弥呼」神話など、各地のどこへ行っても見出せなかった結果でしょう。

宮田氏ほど各地を自身の足で歩いて調査した研究者はいません。であれば、何らかの「卑弥呼」神話を見出すことは可能だったでしょう。

宮田氏ほどの民俗学者でも、「卑弥呼」神話には出会っていないのです。各地に伝わる一般的な「山姥」のイメージは、背の高い老女です。白髪の長い髪をもち、目は鋭く釣り上がり、口は耳まで裂けています。

「卑弥呼」が実在したとして、そのイメージをかたちにするなら、この恐ろしげな「山姥」のイメージがふさわしいのかもしれません。

「山姥」には、人間を食い殺す鬼婆という、恐ろしく悪神的な一面があります。それと同時に幸運をもたらす善神あるいは守護神的な一面があるとされています。

山中他界に住む鬼女が登場する「山姥」の話の一般的な設定は、山中にさまよう女の怨念が人にこもって鬼女に化身する、というものです。『魏志倭人伝』が書いている「卑弥呼」の「鬼道」の中にはこのような一面があるということを想像しても的外れではないかもしれません。

伝承の分布から考えて日本各地の山中に住むという、このような「山姥」や「鬼女」、あるいは「女怪」などに、「卑弥呼」がなっていてもいいはずです。しかし、かつて「山姥」になった女性の「王」など、どこにもいません。

「卑弥呼」と占卜

『魏志倭人伝』には、「邪馬台国」の習俗のひとつとして占卜を取り上げ、次のように書いています。

「習俗では、行事や往来する際に、何かあれば、そのたびに骨を焼いて占卜をおこなって吉凶を判断し、あらかじめその結果を伝える。そのことばは、（中国の）命亀の法と同じである。ひびを視て、兆候を占う。」

（前掲書『倭国伝　全訳注　中国正史に描かれた日本』）

日本でも占卜は、亀や鹿の角を使って行ってきました。《（中国の）命亀の法と同じである》と言えるでしょう。

朝廷で神事や祭祀を司っていた中臣氏などの祖先は、占卜を行って吉凶を判断していました。

俗信によれば、「オシラ様」が、農業において豊作を占う役割を演じていたことが知られています。

「オシラ様」とは、一般的な解釈ですと、東北・関東・中部地方の民間で信仰されている家の神です。

東北地方の口寄せ巫女はイタコと呼ばれます。このイタコが、「オシラ様」を祀って祭文を語ります。

オシラ様は、偶像になっています。東北地方には、桑の木を削って用意した棒に布を被せて男女一対の偶像をつくるなどの例があります。

イタコは、人形につくった、神であるオシラ様を両手に持って、空中に踊らせる所作をします。

イタコは女性シャーマンですから、このところでは「卑弥呼」と共通するでしょう。

しかし、「オシラ様」の由来は、桑の木の棒の人形などからも想像できるように、養蚕の神様です。

柳田国男の『遠野物語』第六十九話に、長者の娘と馬のロマンチックな婚姻譚がありま す。そこには次のように、オシラ様と桑の木との関係が述べられています。

「今の土淵村には大同《だいどう》という家二軒あり。山口の大同は当主を大洞万之丞《おおほらまんのじょう》という。この人の養母名はおひで、八十を超えて今も達者なり。佐々木氏の祖母の姉なり。魔法に長じたり。まじないにて蛇を殺し、木に止まれる鳥を落しなどするを佐々木君はよく見せてもらいたり。昨年の旧暦正月十五日に、この老女の語りしには、昔あるところに貧しき百姓あり。妻はなくて美しき娘あり。また一匹の馬を養う。娘この馬を愛して夜になれば厩舎《うまや》に行きて寝いね、ついに馬と夫婦になれり。或る夜父はこの事を知りて、その次の日に娘には知らせず、馬を連つれ出して桑の木につり下げて殺したり。その夜娘は馬のおらぬより父に尋ねてこの事を知り、驚き悲しみて桑の木の下に行き、死したる馬の首に縋りて泣きいたりしを、父はこれを悪みて斧をもって後より馬の首を切り落せしに、たちまち娘はその首に乗りたるまま天に昇り去れり。オシラサマというはこの時より成りたる神なり。馬をつり下げたる桑の枝にてその神の像を作る。（後略）」

（『遠野物語・山の人生』岩波文庫　一九七六年　原著は一九一一年発刊）

この娘と馬の婚姻譚は、中国の『捜神記』に由来するとされています。『捜神記』とは、四世紀に東晋の干宝という人が著した、今で言う怪奇小説集です。

『魏志倭人伝』によれば、「卑弥呼」は人々の前に姿を現しませんし、養蚕の神でもありません。

いずれにしても、『魏志倭人伝』の文章は、その背景に、現実というものが感じられないのです。

「卑弥呼」と琉球王国の「オナリ神」

琉球王国の女性神として、「オナリ神」という神がいます。航海の女神です。

民俗学者、谷川健一氏の『日本の神々』（岩波新書　一九九九年）によれば、かつて琉球王国では、国王の姉妹か王妃、叔母などが最高の女神である「聞得大君《きこえおおきみ》」となり、国王を守る「オナリ神」となったといいます。

琉球王国に、女性が生まれながらにもっている、神と感応する能力への崇拝があったことを示しています。

『魏志倭人伝』によれば「卑弥呼」自身が「王」となっています。従って、「卑弥呼」が、王をサポートする役目である、この「オナリ神」になることはありません。

しかし、琉球王国において、王妃が「聞得大君」となり「オナリ神」となる、つまり女性には「霊力」が備わっている、とみなされていることでは共通していると言えるでしょう。

琉球では、姉妹のことを「オナリ」もしくは「ウナリ」と言います。

兄弟を守護する「妹の力」を発揮しているのが、琉球の「オナリ神」です。

政務を司る弟がいて、その弟をたすけているという「卑弥呼」の存在は、「オナリ神」と同じ存在であるといえるかもしれません。

航海する兄弟を守る「オナリ神」は古来琉球あたりの地域に数多くいて、陳寿はそういったことを伝聞して「卑弥呼」の存在を想定したのかもしれません。

しかしやはり、「卑弥呼」は「オナリ神」である、と言うことはできません。

「卑弥呼」と安産・豊穣の「女神」たち

作家、戸部民夫氏の『日本の神々――多彩な民俗神たち（Truth In Fantasy）』（新紀元社　一九九八年）や『神道大辞典』（平凡社　一九三七年）などを参照すると、霊力のある女神は、他にもたくさんいることがわかります。

たとえば、「淡島様」と呼ばれる女神がいます。女性の結婚、安産、子育て、病気を治す女神です。

「瀬織津姫命《せおりつひめのみこと》」は、神道の大祓詞《おおはらえことば》に登場する女神です。一切の穢れを払うという水の女神です。

女性の安産の神としては他にも「納戸神」「産泰神」、子育ての神としては「姥神」がいます。豊漁を祈る「阿波様」、春の女神「佐保様」、秋の女神「龍田姫」など、多数の女神が各地に記録されています。

「卑弥呼」は独身で子供もつくりませんでした。

右に挙げたような女神たちのどれにも、「卑弥呼」の存在をその由来と想定できるものはありません。

「卑弥呼」と琉球の「キンマモン」

琉球に「キンマモン」という女神がいます。琉球の最高位の女神です。

海の向こうからやってきて、「聞得大君」に依りつく神だといいます。「聞得大君」は「オナリ神」の最高神ですから、その上の神だということになります。

漢字では「君真物」と表記されます。「君」は神女を意味し、「真」は本当の本物であり、「物」は霊を意味するとされています。つまり、「君真物」は、偉大なる神霊、という意味だといいます。

「君真物」については、柳田国男によれば、「君」は巫女のことです。

真の巫女を表す言葉として「真物」が追加され、それが神そのものの呼称となったと柳田はしています。

折口信夫は「君」はもともと後につく言葉だとします。本来は「真物君」であって、真の女神だとしています。

いずれにしても「君真物」琉球の最高女神であるということに変わりはありません。

袋中上人が一六〇五年に完成させた『琉球神道記』には、「君真物」について、次のように書かれています。

袋中上人は、江戸時代前期の浄土宗の僧です。当時の中国・明に渡るための船便を求めて琉球に三年間ほど滞在しました。

「昔、人間がまだいなかったころ、男神シチリキュと女神アマミキュが天から降臨して国をつくった。つづいて国王の祖先、神女の祖先、農民の祖先を生んだ。そうして竜宮（ニライカナイ＝極楽浄土）から火がもたらされ、国が成り、人間が作り出された。このときに人間を守護する神のキンマモンが現れた。この神は、海底を宮とし、毎月出現して託宣し、あちこちの拝林（御嶽／うたき）で休んだ。」

「キンマモン」は、人間を守るために海上楽土からやってきた女神です。毎月出現して託宣する、といいますから巫女です。

巫女という点では「卑弥呼」と同様です。

『魏志倭人伝』に書かれた「邪馬台国」では、「卑弥呼」のことを「キンマモン」のように思ったからこそ、「卑弥呼」を王にすえ、世の中が平定したとも考えられます。陳寿は、もしかすれば、「キンマモン」をはじめとする琉球女神のことを仄聞していたのかもしれません。

しかし、やはり、巫女である、というだけの類似です。「卑弥呼」が「キンマモン」であると言うことはできません。

「卑弥呼」と能楽のはじまり

能楽のジャンルに「女神物」というものがあります。その名の通り、女神が登場する能楽です。

室町時代の猿楽師、世阿弥は、能楽の起源は『古事記』『日本書紀』にあると考えていました。

『日本書紀』に次のように書かれている天岩戸神話の、岩戸の前でのアメノウズメノミコトの踊りが起源だと世阿弥は考えていたのです。

「また猿女君《さるめのきみ》の遠い祖先の天鈿女命《あめのうずめのみこと》は、手に茅纏《ちまき》の矛をもって、天の岩戸の前に立って、巧みに踊りをした。また香具山の榊を髪飾にし、ひかげのかずらをたすきにし、かがり火を焚き、桶を伏せてその上に乗り、神憑りになったように喋り踊った。この時天照大神がこれをお聞きになり、「私はこの頃岩屋にこもっている。豊葦《とよあし》原《はらのなかつくに》中国はきっと長い夜だろう。どうして天鈿女はこんなに喜び笑いさわぐのだろう」と思われて、御手で少し磐戸をあけて外をごらんになった。そのとき手力雄神《たちからおのかみ》が、天照大神のお手をとって、引き出し奉った。そこで中臣神や忌部神がしめ縄を引き渡した。そして「もう内へ戻らないで下さい」とお願いした。」

（前掲書『全現代語訳　日本書紀』）

世阿弥は『風姿花伝』の第四「神儀にいふ」で、能の起源について次のように書いています。

「中楽神代のはじまりといふは、天照大神天の岩戸に籠り給ひし時、天下常闇になりしに……神楽を奏し細男をはじめ給ふ。なかにも天鈿女の御子すすみ出で給ひて榊の枝に幣をつけて声をあげ、……神かかりすと謡ひ舞ひかなで給ふ。」

そして、天照大神が岩戸を開けたことで国土にふたたび日が満ちて明るくなったというところを、次のように言うのです。

「その時の御遊び、申楽のはじめといふ。」

「卑弥呼」の、《鬼道に事え、衆を惑わす》という行為は、こうした、世阿弥の言う《申楽のはじめ》と無関係ではないと考えることもできます。《衆を惑わす》そのことが演劇の元でもあるからです。

「卑弥呼」と女神物「鵜羽」

能に「鵜羽」という演目の巫女・女神物があります。豊玉姫命《とよたまひめのみこと》が登場します。豊玉姫命は、海神の娘です。妹を玉依姫命《たまよりひめのみこと》といいます。

「鵜羽」の舞台は、日向鵜戸です。

日向鵜戸の岩屋に参拝にやってきた廷臣の前に、土地の海人に化身した豊玉姫命の霊が現れます。

豊玉姫命の霊は、鵜羽神宮の祭神である鵜《うの》羽《は》葺不合尊《ふきあえずのみこと》の誕生譚を語ります。

そして豊玉姫命の霊は、海幸山幸神話に出てくる呪物の満珠をめでて舞い、海中に去っていきます。

満珠は、別名を「潮満つ珠《たま》」と言います。海に投げ入れると潮が満ちるという珠です。山幸彦は海神からもらった満珠と、潮が引く干珠を交互に上手に使って、兄の海幸彦をこらしめました。

豊玉姫命、玉依姫命の名にある「玉」とは「魂」でもあります。豊玉姫命と玉依姫命は、偉大な霊能力を持った巫女でもあります。

『魏志倭人伝』によれば「卑弥呼」は霊能力をもっている巫女ですから、この点では豊玉姫命や玉依姫命と共通します。

作者の陳寿は、『古事記』『日本書紀』にあるようなこうした巫女・女神の存在を聞いて知っていたのかもしれません。

しかし、「卑弥呼」について『魏志倭人伝』は、その係累つまり家族や一族についてのことは記していません。陳寿はそうした知識を持ち合わせていなかったのです。

陳寿は、国の場所については距離関係を掲げてくわしく述べる割には、土地の情報は全く持っていませんでした。もちろん、その距離についても陳寿の想像に過ぎないでっち上げです。

豊玉姫命は、鹿児島神社というれっきとした神宮に祀られています。

「卑弥呼」が「王」であり巫女であるならば、「王」であり巫女であることと場所、土地というものとの関係が日本では非常に重要であることについて、『魏志倭人伝』の作者は何も知らなかった、ということになります。

「卑弥呼」と箸墓古墳

奈良県桜井市箸中に「箸墓古墳」という古墳があります。

宮内庁は「箸墓古墳」を、第七代孝霊天皇皇女の倭《やまと》迹迹《とと》日百襲《ひももそ》姫命《ひめのみこと》の墓に治定しています。

「箸墓古墳」は纒向遺跡内に所在します。

そして、この「箸墓古墳」を「卑弥呼」の墓と考える考古学者が多くいます。

ならば、「箸墓古墳」の近辺に、「卑弥呼」の祠なり神社なり、伝説なり伝承なりが必ずあるはずです。しかし、誰も調べようとはしません。

誰も調べようとはしないのはなぜでしょうか。無論、調べても無駄だという諦めが先にあるからです。

能に「三輪」という演目があります。三輪伝説にまつわる演目です。

三輪山中に庵を結ぶ玄賓僧都のもとに毎日、樒《しきみ》を届ける女性がいました。樒とは、仏前に供える植物です。

ある日、その女性が、自分は三輪の里に住む者だと言い、杉の木を目印に訪ねて来てほしい、と玄賓僧都に告げます。玄賓僧都はそれに従いました。

杉の木の下で待っていると、玄賓僧都の前に三輪明神が現れます。

玄賓僧都の庵に毎日樒を届けに来ていた女性はその化身でした。三輪明神は三輪伝説を語り、神遊びをして舞います。

たとえば、能という伝統芸能に残されたこの三輪明神が「卑弥呼」のことを語れば、「卑弥呼」も「邪馬台国」も真実性を帯びてくるでしょう。しかし、そういったことはまったくありません。

「卑弥呼」も「邪馬台国」も真実であるとするならば、考えられることはひとつです。

「卑弥呼」も「邪馬台国」も室町時代まで語り継がれることはなく、どこかの時点で消えてしまったということです。

ならば、「箸墓古墳は卑弥呼の墓」論者は、それを調査する必要があるでしょう。

『魏志倭人伝』には日本の伝統に触れてくるような記述がまったくありません。このことは、もっと重要視される必要があります。

第四章　卑弥呼は天照大神や神功皇后の代わりであったか

天皇家の伝統とはまったく異なる「卑弥呼」の生活

前章で、鹿児島の郷土史研究家が昭和五七年に地元に建てた「卑弥呼神社」の由来の文章を紹介しました。

その中には、《天照大神は卑弥呼女王がその原型といわれ、ローマ神話のヴィーナスでもある》と書かれています。

これは、取るに足らない妄想だとしか言いようはありません。しかし、「卑弥呼」を天照大神と結びつけて、纏向遺跡にある箸墓古墳こそは「卑弥呼」の墓であるという説を唱える歴史家や研究者はたくさんいるのです。

『日本国史 世界最古の国の新しい物語』（育鵬社 二〇一八年）の中でも私は述べましたが、「卑弥呼」のような女性が天照大神とどう関係するのでしょうか。

『魏志倭人伝』に「卑弥呼」は、《鬼道に事《つか》え、能く衆を惑わす》と書かれています。

「女王のくらいについてからの卑弥呼に、直接会った人は極めて少ない。侍女千人にかしずかせていた。ただ一人の男が食事の世話をし、内外の取りつぎ役として奥部屋に出入りしていた。」

（前掲書『倭国伝 全訳注 中国正史に描かれた日本』）

『魏志倭人伝』に書かれたこのような「卑弥呼」の生活形態は、天皇家の伝統とはまったく違っています。天皇家の信仰形態もまた、「卑弥呼」のようなシャーマニズムとは異なっています。

「卑弥呼」を天照大神と結びつける、天皇否定の潮流

「卑弥呼」を天照大神と結びつける考え方は、前章でも述べた通り、ひとつには、「卑弥呼＝ひみこ」という、いかにももっともらしい名前から来ています。

「ひみこ」という読み方が「日皇子《ひのみこ》」の語感に通じることから、太陽との関連性、天照大神との関連性などがもっともらしく語られ続けているわけです。

「ひのみこ＝日皇子」という『古事記』にも『万葉集』にも出てくる言葉は、日の神の子孫、日のように輝く御子、という意味で、天皇や皇太子、皇子の美称です。

「日皇子」には、天皇の神聖性を神話の起源に立ち返って確認し賛美する、という意味が込められています。

このことを研究者たちは、都合の良いように解釈しました。

「卑弥呼＝ひみこ」と「ひのみこ＝日皇子」が語感で似ているのは単なる偶然に過ぎないのに、「卑弥呼＝ひみこ」という言葉には、天照大御神の皇祖神化、伊勢神宮の創建、国

家神話の体系化といったことの大元が見いだせる、としました。

これは、歴史の事実を追求しようとする研究姿勢から来たものではありません。「万世一系の天皇家というものを疑う」という戦後の考え方の潮流つまりイデオロギーにもとづくものです。

研究者たちが都合の良いように解釈した、というのはそういうことです。日本が天皇の国であることを否定するための戦後的現象です。

「邪馬台国」や「卑弥呼」の存在を示すような遺跡、遺物、神社仏閣、伝承はまったく発見されていません。

『魏志倭人伝』に、日本の神話と関連するものは何もないのです。

マルクス主義史観による天皇否定の潮流

日本が天皇の国であることを否定する戦後的現象は、第一章で触れたマルクス主義史観によって生まれ、そしてまた強化されたものです。

マルクス主義は、一九世紀に西洋キリスト教文化圏で生まれた思想です。そもそもこのマルクス主義史観はどのように日本に入ってきたものなのか、『新しい日本史観の確立』(文芸館　二〇〇五年)の中でもすでに詳しく述べていることですが、ここで少々まとめておきましょう。

《ひとつの妖怪がヨーロッパをうろついている——共産主義という妖怪が》とマルクスとエンゲルスが『共産党宣言』で記したのは一八四八年のことでした。この「妖怪」が、以降一世紀半にわたって跋扈し、一九一七年のロシア革命をはじめとして社会主義圏をつくり、同時に、資本主義圏の多くの知識人に思想的な影響を与え続けてきました。

「妖怪」つまりマルクスの共産主義思想が日本にやってきたのは、一九〇〇年を過ぎてから、とくに日露戦争の頃のことに過ぎません。マルクス主義が生まれて半世紀以上が経ってからのことです。

一九〇一年（明治三四年）に日本で最初の社会主義政党である社会民主党が結成されました。本格的な動きは、一九〇六年（明治三九年）頃、堺利彦らが日本社会党、西川光二郎らが日本平民党を結成してからのことです。

社会主義者あるいは無政府主義者ともいわれる幸徳秋水が米国から帰国したのはこの頃のことです。明治天皇暗殺計画がなされたとされる「大逆事件」が起きたのは一九一〇年（明治四三年）です。幸徳秋水は暗殺計画に関与したとして処刑されています。

マルクス・エンゲルスの『共産党宣言』やマルクスの経済論『資本論』の翻訳書は、ようやく一九一二年（明治末年）から一九二五年（昭和初年）にかけて発刊されました。日本共産党が生まれたのは一九二二年（大正一一年）のことです。

日本の西洋思想の導入はほぼ半世紀遅れ

日本の西洋思想の導入は常にほぼ半世紀遅れ、と言われているのは、ほぼ事実でしょう。ギゾーやヘーゲル、ランケ、ウェーバーなどといった西洋思想が日本で翻訳され理解されたのは、それらの思想が生まれて四、五〇年も後のことです。

そして、これらの思想の導入は、大学の外国人教師によって始められています。受け入れる日本側の思想状況が成熟している・していないということにはあまり関係していないようです。

戦後は、思想の導入のスピードそのものは一〇年ほど早まったかもしれません。しかし、思想が理解されるまでにはやはり二、三〇年はかかる、というのが実際のところです。

他の西洋思想も同様ですが、マルクス主義は、日本の伝統的な生活と乖離する歴史観です。しかし、思想としては入ってきました。

そして、この奇妙でアンビバレントな状況に耐えられるのは、生活感を欠いた、いわゆる知識人だけでした。

マルクス主義思想は実践活動に直結する

マルクス主義の日本への導入は、他の思想の導入とはやや異なるところがありました。マルクスが言い出した《従来の哲学はただ世界をさまざまに解釈しただけである。問題は世界を変革することなのだ》という考え方によれば、マルクス主義思想は他の思想とは一線を画すものにならざるをえないからです。

つまり、マルクス主義思想を学ぶことは、ただちに実践活動に直結する、ということです。学者もこれを無視することはできませんでした。

《これまでのすべての社会の歴史は、階級闘争の歴史である》としたマルクス主義の理論が学者を呪縛して、歴史観を固定させたばかりでなく、学者の党派的運動と結びつきました。

これこそが、前にも触れた、今日まで続いている歴史問題の根源です。このことに由来して、「共産党員が歴史教科書を書き」という笑い話も生まれるのです。

理解しやすかったマルクス主義史観

マルクスは、観念的で難解だったヘーゲルの歴史哲学を徹底的に批判していました。このことが、ある意味で観念性よりも現実性を好む日本人の傾向に適合していたと言えるかもしれません。

マルクスは、人間の物質的生活の生産によって歴史はつくられる、と言いました。唯物史観と呼ばれる考え方です。

歴史をつくるのは現に生きている社会の階級関係である、という考え方は理解のしやすい考え方でもありました。

マルクスにとって「発展」とは「物質的生産諸力」のことであり、その「生産力」を可能にする「生産様式」の進歩のことです。

マルクスのこの考え方つまり「唯物論」的視点からみるとき、「近代」という時代は、「資本制生産様式」によって最も「生産力」の発展した段階にある時代でした。

ヘーゲルは「近代」を「理性的世界」つまり人間が真に「自由」になった世界だとしました。その反対にマルクスは「近代」世界を、人間が「疎外」された「非理性的世界」としました。

ヘーゲルは「近代」を歴史の目的が完成した世界に近いと考えて思想を構成しました。

一方マルクスは、段階に過ぎない、としました。

マルクスにとって「近代」世界は、何よりも資本家階級が労働者階級を支配する時代です。人間による人間の支配が貫徹した非人間的な現実からなる世界です。マルクスは、非人間的な現実は革命によって根本から変革されなければならない、と考えました。この考え方が学者に、単なる歴史分析だけではなく、変革のための運動を要請したわけです。

日本の歴史に階級闘争を持ち込んだマルクス主義

マルクス主義は「日本史」に、《これまでのすべての社会の歴史は階級闘争の歴史である》という理論を持ち込みました。ここに初めて、「皇国史観」とはまったく異なる歴史、というものの骨格を与えたわけです。

「この社会すべてが闘争を必要とする悪意に満ちている社会である」という考え方は、社会の一部の人たちや故郷を追われて迫害されているような人々にはわかりやすいものかもしれません。しかし、多くの日本人の社会には最も馴染みにくい世界観でした。

しかし、日本の知識人たちの多くは、この歴史観こそが真実だ、と思い込みました。最も学ぶべき、西洋最新の思想のように思い込みました。

このマルクス主義の移入については、さすがに外国人教師が取り入れて国立大学で教えたといったようなものではありませんでした。一九一七年にロシア革命が起こってロシア帝国が滅び、一九二二年にレーニンによって建てられた社会主義国「ソビエト連邦」の強い影響がありました。

ソ連建国と同年の大正一一年、ソ連のレーニンが組織した「コミンテルン」日本支部として非合法に日本共産党が結成されました。「コミンテルン」は、共産主義インターナショナル・Communist International の略称です。国際的に共産主義運動を指導するための組織でした。

日本共産党は「天皇制打倒」「寄生地主制の廃止」「労働者・農民の政府の樹立」を掲げました。寄生地主制とは、地主自らは農業に従事せずに所有地の大部分を小作人に貸し出し、小作料を徴収して生活の基盤とする体制のことです。

これは、「天皇制打倒」をロシア皇帝ツァーリ打倒と言い換えれば、ロシア革命を指導したソビエト連邦共産党（一九一八年にロシア共産党と改称）と変わるところはありません。

マルクス主義者の、日本分析に関して「天皇制打倒」を掲げるような考え方は、日本人にとってはまだ熟していなかったものでした。体制の転覆を目指していたことはすでに知られていましたから、日本共産党結成後、一九二五年（大正一四年）に「治安維持法」が成立しています。

「治安維持法」は、「国体」の変革、「私有財産の否認」を目的とする活動を罰する法律です。共産党の活動の取締りを想定して立法されたものであることは明らかでした。

知識人が強く支持したマルクス主義

前に触れたマルクスの《従来の哲学はただ世界をさまざまに解釈しただけである。問題は世界を変革することなのだ》という言葉通りに、日本の学者はその方向で対処することになりました。

学者は、日本の歴史観を変えるだけではなく、その転換に沿って社会を実践的に変革する意図を同時に持ちました。マルクス主義知識人の誕生です。つまり、《これまで日本はさまざまに解釈されてきた。重要なのは変革することだ》ということです。

ソ連のコミンテルンの支持によって結成された非合法の日本共産党に参加した多くの人は、労働者ではありませんでした。そのほとんどは、学者をはじめとする知識人だったのです。

戦後の歴史教科書を開くと、時代が、「古代」「中世」「近世」「近代」と区分けされています。一見、単なる時代区分のように、多くの人は考えています。

しかし、その内容を見ると、「古代＝奴隷制社会」「中世・近世＝封建社会」「近代＝資本主義社会」というように、社会体制を指すものとなっていることがわかります。これこそが、マルクス主義的な図式です。

「古代」「中世」「近世」「近代」の区分は、経済学的な階級史観であり、常に階級闘争があるとみる「唯物史観」です。「封建社会」を経て「社会主義」に至った、という歴史展開には、現代日本は「社会主義社会」へ至る途上にあるとする見方が隠されています。

そして、実は戦後という時代の人々は、この考え方しか教えられていません。この思考パターンがほとんどの日本人の頭に浸透してしまっていると言っていいでしょう。

多くの学者と研究家が、天皇家の伝統を否定する『魏志倭人伝』を支持する理由、「邪馬台国」や「卑弥呼」を好む理由もまた、ここにあるのです。

歴史学の限界を知っていた「近代」以前

マルクス主義は、経済中心の「階級闘争」主義です。明治以前の日本人の歴史観にはなかった歴史観です。

二〇世紀は、このマルクス主義経済史観によって歴史の見方のほとんどが占領されてしまった世紀です。あたかも、マルクス主義の理論ですべてが理解でき、すべてが説明できるような錯覚に陥りました。

「近代」以前、人々は謙虚でした。歴史学の限界を知っていました。さまざまな主観の集積でよいのだ、としていました。

歴史家は、歴史を統一的に把握する方法を求めるようになりました。最も良い方法がマルクス主義経済史観で歴史を見ることだ、と信じるようになりました。科学万能という信仰で「近代」が満たされているのと似ています。

マルクス主義で日本を見直そうと、戦後の歴史家は躍起になってやってきました。しかし、現在の段階においても、マルクス主義で日本の歴史を見直すことができたとはとうてい言うことはできません。

どこを見ても、マルクス主義にはあてはまらない現実ばかりです。

たとえば、明治以降の日本の資本主義つまり遅れていたはずの日本「近代」が他の資本主義国を凌駕してしまったことをマルクス主義は説明できません。世界で最も「社会主義」的でさえある日本の姿も解明できずにいます。

マルクス主義史観はとっくに死に体

近年では「階級」という言葉は使わずに、「社会構成」などという言い方をしているようです。ある地域の社会の構造・運動を表現する用語です。

戦後の日本の歴史学は、自分たちはマルクス主義的な歴史観にもとづくとはあからさまには言わずにきました。個別の民族社会の歴史的運動と社会構造の解明という言い方をしてきています。

しかし、これはマルクス主義的な歴史観を克服したということではありません。今でも相変わらず、「古代専制社会」や「封建制」を「世界史的本質」だとして、それを日本の歴史の中に発見することができると考えています。

その一方で、「首長制論」や「荘園制社会論」、「幕藩制社会論」などといった具体的な体制論としての社会史が述べられます。歴史社会を構造的に捉えようとしているのです。

しかし、これら「首長」「荘園」「幕藩」といった用語そのものが、すでに歴史的発展段階の意味合いを失っています。マルクス主義的な歴史観から離れていく傾向は出てきています。つまり、社会主義のソ連が崩壊して以降、マルクス主義史観は死に体であり、喪失する危機に見舞われています。

一九九九年、ある日本の歴史学者が、「戦後歴史学の意義」を整理して発表したことがあります。次の五つが挙げられました。

（1）　未来の社会への目的論的意識に支えられた変革のための学問

（2）普遍的な発展法則の追求
（3）比較史の視点からの発展段階論と類型論の接合
（4）階級と民族（国民）を軸とした社会構造の分析
（5）「構造」の内的発見の重視

発表した学者は、これらの項目を検討したうえで、日本の戦後の歴史学を、《近代歴史学の最高の達成》と礼賛しました。

右にあげた五項目には、マルクス主義という言葉は一切ありません。しかし、よく見ると、あきらかに教条的なマルクス主義史観そのままの姿が見て取れます。

マルクス主義史観以上のものは、戦後の、日本の多くの学者・研究者の歴史観にはありません。「邪馬台国」や「卑弥呼」を、実在を前提として平気で掲載する今の歴史教科書は、その直接的な反映でもあるのです。

神功皇后が「卑弥呼」と重ね合わされる理由

神功皇后＝「卑弥呼」説もまた、マルクス主義史観による天皇家の伝統否定という目的を含め、強調されることが多い説のひとつです。

神功皇后は第一四代仲哀天皇の皇后です。新羅征伐を率いた女傑としてよく知られています。

「皇后の息長帯比売《おきながたらしひめ》の命《みこと》（神功皇后）は神懸《かみがか》りをなさった方でありました。」

（『新訂　古事記』武田祐吉訳注　中村啓信補訂　角川文庫　一九七七年）

「幼児から聡明で、叡智であらせられた。要望もすぐれて美しく、父（息長宿禰王《おきながのすくねのみこ》）もいぶかしがられる程であった。」

（前掲書『全現代語訳　日本書紀』）

『古事記』『日本書紀』には、神功皇后は、高度な霊威力をもった巫女の長としての姿が様々に書かれています。

このことから、神功皇后と《鬼道に事え、能く衆を惑わす》「卑弥呼」とを重ね合わせた説が唱えられています。

神功皇后は仲哀天皇の皇后であり、神の子として称えられる応神天皇の母です。

このことからまた、「卑弥呼」が「女王」であるのと同じく、神功皇后も「女王」の地位にあるのではないか、と言われています。

奈良県奈良市の薬師寺には神宮皇后像があり、国宝としてもとても有名です。この薬師寺の「巫女」王という姿に、「邪馬台国」の「卑弥呼」が想像されることもあります。

前章で、『日本書紀』巻九の神功皇后三十九年、四十年、四十三年の条の三箇所に『魏志倭人伝』からの引用があることを紹介しました。さらに、神功皇后の六十六年の条には次のような記述があります。

「六十六年――この年は晋の武帝の泰初二年である。晋の国の天子の言行などを記した起居注に、武帝の泰初二年十月、倭の女王が何度も通訳を重ねて、貢献したと記している。」

（前掲書『全現代語訳　日本書紀』）

これもまた、三十九年、四十年、四十三年の条の記述と同じく、本文ではなく、注として添えられている記述です。

たしかに、『日本書紀』は神功皇后のところで「倭の女王」については記述しているのですが、これは、たとえば中国の正史『三国志』には同時代の記事としてこう書かれている、ということに過ぎません。

『日本書紀』にある「倭の女王」に関する記述は、すべて『三国志』の『魏志』や、晋の皇帝の言行を記録した一種の日記『起居注』などの文献からの引用です。『日本書紀』には、この「倭人の女王」と神功皇后との関連を思わせる記述は一切ありません。そして、「卑弥呼」なる名前は一切、登場しません。

神功皇后の巫女としての力と「卑弥呼」

神功皇后は巫女であり、また巫女の長でした。

『古事記』では、仲哀天皇が熊襲を討つために神の宣託を受けたときのことを次のように書いています。

「天皇が琴をお弾きになり、建内の宿禰が祭の庭にいて神の仰せを伺いました。ここに皇后は神憑りして神様がお教えなさいましたことは、「西の方に国があります。金銀をはじめ日の輝くたくさんの宝物がその国に多くあるが、わたしが今その国をお授け申そう」と仰せられました。」

(前掲書『新訂　古事記』)

『日本書紀』には次のような記述があります。

「三月一日、皇后は吉日をえらんで斎宮に入り、自ら神主となられた。武内宿禰に命じて琴をひかせ、中臣烏賊津使主《なかとみのいかつのおみ》をよんで、審神者《さにわ》（神託を聞いて意味を解く人）とされた。」

（前掲書『全現代語訳　日本書紀』）

こうした記述から、逆に、神功皇后は「邪馬台国」の巫女王である「卑弥呼」をモデルにして生み出されたものだ、とさえ言われることがあります。

たしかに、『日本書紀』の著者が『魏志倭人伝』を知っていたことは間違いありません。しかし、『魏志倭人伝』の記述から、神功皇后の祭祀王としての行状を考え出したとは思えません。あくまで、別個の人物です。

神功皇后と、子が無い「卑弥呼」

神話の研究で、異常出産という考え方があります。神の子を産む際の、神話的な表現のことです。

神功皇后は、この異常出産を行ったことでも知られています。新羅に遠征する、その途上での出来事です。「鎮懐石伝承」として知られています。

「かようなことがまだ終わりませんうちに、お腹の中の御子がお生まれになろうとしました。そこでお腹を鎮めなされるために石をお取りになって裳の腰におつけになり、筑紫の国にお渡りになってからその御子はお生まれになりました。そこでその御子をお生み遊ばされたところを宇美《うみ》と名づけました。またその裳につけておいでになった石は筑紫の国の伊斗《いと》の村にあります。」

（前掲書『新訂　古事記』）

「時がたまたま皇后の臨月になっていた。皇后は石をとって腰にはさみ、お祈りしていわれるのに、「事が終って還る日に、ここで産まれて欲しい」と。その石は今、筑前怡土郡の道のほとりにある。」

（前掲書『全現代語訳　日本書紀』）

また、『万葉集』の集歌八一三の注に次のような内容で伝承されています。

「筑前國怡土郡深江村の子負の原にある海沿いの丘の上に、二つの石があります。大きい方は長さ一尺二寸六分、周囲は一尺八寸六分、重さ十八斤五両です。小さい方は長さ一尺一寸、周囲は一尺八寸、重さ十六斤十両です。二つとも楕円形で、鶏の卵のようなかたちをしています。その美しさは、言葉で表すことはできません。（中略）

古老が伝えて言いますには「昔、息長足日女命《おきながたらしひめのみこと》（神功皇后）が新羅の国を征討なされた時、この二つの石を御袖の中に挿し挟みて鎮懐となされた。そこで街道を行く人は、此の石を敬拝する」と。」

（筆者抄訳）

神功皇后は、新羅遠征中に子が生まれそうになったため、夢のお告げにより、卵形の美しい石を二個、腰のところにつけてお呪いとし、出産を遅らせることを願ったのです。討伐に成功し、筑紫に凱旋してから、神功皇后は無事に御子を生みました。これが品陀《ほむだ》和氣命《わけのみこと》、後の応神天皇です。妊娠から出産まで一五ヶ月かかったといいます。

この「鎮懐石伝承」と呼ばれる出産の伝承は、九州地方に広がっていた土俗的な母子神信仰ではないか、と推測されています。

母子神信仰は、霊的能力の高い女性つまり神に仕える巫女のような人が、処女受胎して神の子を産む、という考え方に基づいています。

『魏志倭人伝』に書かれている「卑弥呼」は独身で、子がありません。神功皇后の、こうした出産の伝承と関連付けることはできません。

香椎宮の伝説・記録に出てこない「卑弥呼」

福岡県福岡市東区香椎に「香椎宮」という神社があります。

「香椎宮」の御由緒には、仲哀天皇九年に神功皇后みずからが祠を建てて仲哀天皇の神霊を祀し給うたのが起源、とあります。

神のお告げを受けて、海を渡り新羅を平定し、凱旋後、仲哀天皇様の御霊を鎮めるために神功皇后みずからお祭されたのが香椎宮の起源です。御祭神主神は仲哀天皇と神功皇后です。

「卑弥呼」に近い存在として神功皇后の神話が書かれている、という説が一部では唱えられています。

しかし、その鎮座地であるこの香椎宮には、「卑弥呼」も「邪馬台国」も、その存在の一切は香椎宮にまつわる伝説や記録には表れません。

この香椎宮は、もともと朝鮮や中国にある霊廟として創建された、という説もあります。神功皇后が新羅遠征したことによる、というのです。

しかし、こうしたことにも、『魏志倭人伝』の様相を伝えるものは一切ありません。

大阪府大阪市住吉区住吉にある「住吉大社」第四本宮の祭神も神功皇后です。

住吉大社の公式ウェブサイトには、次のように由来されています。

「神功皇后は、住吉大神の加護を得て強大な新羅を平定せられ無事帰還を果たされます。この凱旋の途中、住吉大神の神託によって現在の住吉の地に鎮斎されました。」

京都府八幡市にある「石清水八幡宮」東御前の祭神も神功皇后です。

しかしこれらの神社には、神功皇后は「卑弥呼」であることを示唆するようなものは何もありません。神社に合わせて祀られている神々の中にも、まったくないのです。

内藤湖南の、倭姫命＝「卑弥呼」説

「邪馬台国」論争を代表する「邪馬台国」九州説と畿内説の競い合いがかまびすしくなったのは明治時代のことです。

一九一〇年（明治四三年）に、東京帝国大学の白鳥庫吉博士が「邪馬台国北九州説」を主張する著書『倭女王卑弥呼考』を出し、ほとんど同時期に京都帝国大学の内藤湖南が著書『卑弥呼考』で「畿内説」を主張して競い合いになり、以来、この二説の論争は絶えることがありません。

「畿内説」の内藤湖南が、「卑弥呼」を、第十一代垂仁天皇皇女である倭姫命《やまとひめのみこと》に当てはめたことがありました。

倭姫命は、伊勢神宮の創建に大いに関係します。

『日本書紀』の垂仁天皇二十五年三月十日の条に、次のような記述があります。

「三月十日、天照大神を豊耜入姫命《とよすきいりびめのみこと》から倭姫命に託された。倭姫命は大神を鎮座申し上げるところを探して、宇陀《うだ》の篠幡《ささはた》に行った。さらに引き返して近江国に入り、美濃をめぐって伊勢国に至った。そのとき天照大神は、倭姫命に教えていわれるのに、「伊勢国はしきりに浪の打ち寄せる、傍国（中心ではないが）の美しい国である。この国に居たいと思う」と。そこで大神のことばのままに、その祠を伊勢国に立てられた。そして斎宮《いつきのみや》（斎王のこもる宮）を五十鈴川のほとりに立てた。これを磯宮《いそのみや》という。天照大神が始めて天より降られたところである。」

（前掲書『全現代語訳　日本書紀』）

この倭姫命について内藤湖南は次のように述べています。

「次に卑弥呼を倭姫命に擬定す。「男弟有りて国を佐《たす》け治む」とは景行天皇を示す。「唯男子一人のみ有りて飲食を給し云々」は『倭姫命世記』に見えたる大若子命が其の弟乙若子命を、建日方命が弟伊爾方命を舎人とせしことなどから類推し得る。」

（「卑弥呼考」『芸文』第一年第四号　一九一〇年　※一部の漢文を訓読としました）

内藤湖南は、『魏志倭人伝』に《弟がいてまつりごとを補佐した》とある《弟》とは景行天皇のことである、と当てはめました。

『倭姫命世記』は、『神道五部書』のひとつで、八世紀頃の成立とされています。天地開闢の時代から、雄略天皇の代に伊勢神宮外宮が鎮座されるまでのことが書かれている文書です。

『倭姫命世記』に登場する大若子命《おおわくごのみこと》は、倭姫命が天照大神を伊勢神宮に祀ったときに協力した南伊勢の豪族だと言われています。

大若子命は、伝説上の、伊勢神宮初代神主です。建日方命もまた同様の存在で地方を治める国造でした。

「舎人」とは、有力者に仕えて警固や雑事にあたる下級役人のことです。内藤湖南は、これを『魏志倭人伝』にある《ただ一人の男が食事の世話をし、内外の取りつぎ役として奥部屋に出入りしていた》に当てはめました。

内藤湖南のこの説は、内藤の教養から来た直感による試論ということになるでしょう。

しかし、伊勢に祀られた倭姫命について調べても、「卑弥呼」に関係すると思われるものは何も出てきません。

天照大神の鎮座地を探して倭姫命が歩いた、大和、近江、美濃、伊勢という経緯の中にも、「卑弥呼」との関係を示唆するものはありません。

箸墓古墳後円部の直径一五〇メートルと「卑弥呼」の墓

この本の冒頭で、二〇一八年に話題になった福岡県赤村にある鍵穴型丘陵の西日本新聞での報道について触れました。

福岡県赤村にある鍵穴型丘陵を前方後円墳だと見た時、その後円部の直径が一五〇メートルであることから、この大きさは『魏志倭人伝』にある「邪馬台国」の女王「卑弥呼」の墓の大きさ《径百余歩》とほぼ一致する、だからこれは「卑弥呼」の墓ではないかと話題になっている、という報道です。

この「卑弥呼」の墓の大きさは、『魏志倭人伝』にある次のような記述が出典です。

「使者の張政らが到着した時は、もう卑弥呼は死んでいて、大規模に、直径百余歩の塚を作っていた。」

（前掲書『倭国伝 全訳注 中国正史に描かれた日本』）

この《百余歩》という大きさにまず着目したのは、考古学者の笠井新也でした。笠井は、『日本書紀』の崇神天皇十年の条にある次のような記述に注目しました。

「倭迹迹日姫命（倭迹迹日百襲姫命《やまとととびももそひめのみこと》）は仰ぎみて悔い、どすんと座りこんだ。そのとき箸で陰部を撞いて死んでしまわれた。それで大市《おおち》に葬った。ときの人はその墓を名づけて箸墓という。その墓は昼は人が造り、夜は神が造った。大坂山の石を運んで造った。」

（前掲書『全現代語訳　日本書紀』）

前にも触れましたが、倭迹迹日百襲姫命は、三輪山伝説の主人公です。大物主神の妻となりますが、その正体が蛇であることを目にして怒りに触れ、その結果として命を落とします。

笠井新也はこれらに関連して、次のように述べています。

「現伝の箸墓によって石材遞伝だけに要した人数を試みに計算するに、総計二万二百八十人となる。崇神紀には墳墓の大きさを伝えていないが、その工事からすれば「径百余歩」に負けないものであろう。思うに我が国は開化朝より崇神朝に及んで、大陸との交通漸く頻繁となり、この国運隆昌の機運に乗じて墓制も一大飛躍をなしたのである。この箸墓に就いて大陸人は伝えもし、又使者として来たものは目撃したであろう。かくて倭人伝の記事として特筆されたのである。

（中略）

箸墓は大和国磯城郡織田村字箸墓に在り、一大円式古墳で、左の如き規模である。

全長：二三〇米　前方幅：一〇〇米　前方高：一六米　後円径：一五〇米　後円経：三十米

由来我が古代陵墓の考定には疑義が存するが、この箸墓は歴代御陵墓中その証徴の確実なるものの一である。卑弥呼の墓は径百余歩とあるが、魏の一歩は我が四尺七寸四分に当るから、箸墓古墳の円丘直径一五〇米は魏の百四歩半に当り、両者全くよく一致する。」

（『考古学雑誌』第三十二号第七号　一九四二年）

「卑弥呼の冢墓と箸墓」と題された昭和一七年（一九四二年）の論文です。

そして、この論文は、大正一三年（一九二四年）に発表された、次の「卑弥呼即ち倭迹迹日百襲姫命」という題の論文の続編でした。

「既往学界の書紀紀年研究の諸説に基づき、『古事記』注記崩年干支戊寅を西紀二五八年に推当し、「卑弥呼の時代は即ち崇神天皇の時代であることは、もはや疑を容れないといつて可からう」と前提して、卑弥呼を崇神紀七年及び十年条に記している倭迹迹日百襲姫命に比定する。その理由として『魏志』の卑弥呼に関する記事と百襲姫命に関する初伝とが人物・事跡に於て一致する。即ち卑弥呼は姫命を写したもの。「鬼道に事え、能く衆を惑わす」「年、已に長大なれども、夫婿なし」がよく百襲姫命の初伝に一致し、「男弟有りて国を佐け治む」とある男弟は崇神天皇に当る。勿論天皇は姫命の弟ではなく甥であるが、この違いは外国人の見聞としては恕すべきである。ここに聊か矛盾を感じるのは、『魏志』の場合に於ては、卑弥呼は主で、所謂男弟は従の態であるが、併し太古祭政一致の時代に於ては、祭祀《まつり》はつまり政治《まつりごと》であって、神と神の奉仕する者とが一体両面であったので、未だ我が国体に深く通じない外人の眼に、主客顛倒の観察をなさしめるということは蓋しあり得べきことであろう。」

（『考古学雑誌』第十号第七号　一九二四年）

箸墓古墳がどうのこうのということの前に、この倭迹迹日百襲姫命という存在が、果たして「卑弥呼」と同一視できるものなのかどうか、ということを検討してみなければいけないでしょう。

しかし、この点についてはすでに議論がされていて、結果は否定的なものとなっています。

倭迹迹日百襲姫命は「卑弥呼」ではない

考古学者の原田大六氏は、著書『邪馬台国論争』(三一書房　一九六九年)の中で、「卑弥呼」と倭迹迹日百襲姫命の共通点について、次のように整理しています。

「『魏志倭人伝』の卑弥呼に関する記事と、「日本書紀」の倭迹迹日百襲姫の記事を比較すると、その間に共通する要素があるのを発見することができよう。

(1) 邪馬台国の女王と倭の名称を持つ最高の姫。

(2) 鬼道に事える卑弥呼と天皇の請いで神憑りする倭迹迹姫。

(3) 奴婢百余人を殉葬した卑弥呼の墓と人と神でつくったという箸の墓。」

しかし、以上のような共通点があるとしたところで、なおしっくりこないところがある、と原田氏はしています。

原田氏は、倭迹迹日百襲姫命が『日本書紀』に独立した巻として記述されていない点に注目します。

『日本書紀』には、推古天皇、皇極天皇（重祚して斉明天皇）という女帝を記述した巻がありますそして神功皇后についての記述は、女帝ではないのにもかかわらず、天皇の扱いと同じく巻九に独立させてあります。

『魏志倭人伝』によれば「卑弥呼」は建国第一代の女王でした。特筆すべき人物です。倭迹迹日百襲姫命が「卑弥呼」であるならば、当然、『日本書紀』に倭迹迹日百襲姫女帝として出現しているべきです。

しかし、『日本書紀』に、倭迹迹日百襲姫命が天皇の座についたという形跡は一切ありません。

この点に、倭迹迹日百襲姫命すなわち「卑弥呼」という仮説については承諾できない根源がある、と原田氏はしています。

出雲系の神々に関係する倭迹迹日百襲姫命

また、「卑弥呼＝日の御子」と考えた場合には、倭迹迹日百襲姫命は、当然、太陽神の妻に近い、太陽神祭祀に従事した女性として登場しなければなりません。

しかし、倭迹迹日百襲姫命は、太陽神の系統ではない出雲系である大物主神や倭大国《やまとのおおくに》魂神《たまのかみ》と関係する女性として登場します。

大物主神と倭迹迹日百襲姫命との関係つまり三輪伝説については前項で述べました。倭大国魂神は、もともと宮中に、天照大神と並んで祀られていた神でした。

倭大国魂神は次のような事情で宮の外で祀られることになります。『日本書紀』の崇神天皇巻六年の条にある記述です。

「これより先、天照大神・倭大国魂の二神を、天皇の御殿の内にお祀りした。ところがその神の勢いを畏れ、共に住むには不安があった。そこで天照大神を豊鍬入姫命《とよすきいりびめのみこと》に託し、大和の笠縫邑《かさぬいのむら》に祀った。よって堅固な石の神籬（神の降臨される場所）を造った。また日本大国魂神（倭大国魂神）は、渟名城入姫命《ぬなきいりびめのみこと》に預けて祀られた。ところが渟名城入姫命は、髪が落ち体が痩せてお祀りすることができなかった。」

（前掲書『全現代語訳　日本書紀』）

倭大国魂は宙ぶらりんな状態になってしまったわけです。

これを解決するのが、倭迹迹日百襲姫命です。崇神天皇巻七年の条の記述です。大物主神も登場します。

「倭迹速神浅茅原目妙姫《やまとととはやかんあさじはらまくわしひめ》（倭迹迹日百襲姫のこと）・穂積臣の先祖大水口宿禰・伊勢麻績君の三人が、共に同じ夢をみて申しあげていわれるのに、『昨夜夢をみましたが、一人の貴人があって、教えていわれるのに、「大田田根子命《おおたたねこのみこと》を、大物主神を祀る祭主とし、また市磯長尾市《いちしのながおち》を倭大国魂を祀る祭主とすれば、必ず天下は平らぐだろう」といわれました』という。天皇は夢の言葉を得て、ますます心に歓ばれた。」

（前掲書『全現代語訳　日本書紀』）

つまり、倭迹迹日百襲姫は出雲系の神々に寄り添う女性なのです。国譲り神話にある通り、出雲系は高天原系に国を譲った神々です。高天原系と出雲系は、まったく別の系統です。

「卑弥呼」を「日の御子」と見なすのであれば、「卑弥呼」は高天原系となり、倭迹迹日百襲姫とはまったく相容れない存在となります。

前項の、原田氏が挙げた共通要素をもう一度みてみましょう。

「(1) 邪馬台国の女王と倭の名称を持つ最高の姫」に関して共通すると言うのであれば、倭迹迹日百襲姫が帝位についた形跡が必要です。

「(2) 鬼道に事える卑弥呼と天皇の請いで神憑りする姫」に関して共通すると言うのであれば、倭迹迹日百襲姫が太陽祭祀を行った形跡が必要です。

この二つの大問題が解決されない限り、「卑弥呼」と倭迹迹日百襲姫の類似性を言うことはできません。倭迹迹日百襲姫が帝位についたことがない限り、また、太陽祭祀を行った形跡がない限り、この二人にはいくらか似ているところがある、ということに過ぎなくなります。

同一人物として重ねることは不可能

しかし原田氏は、『日本書紀』の中では、倭迹迹日百襲姫が「卑弥呼」にいちばん近い存在だと考えているようです。

倭迹迹日百襲姫の名に含まれる語について、「迹迹日」は「鳥飛び」、「百襲《ももそ》」の「もも」

は百、「そ」は十の意味で、魂が飛ぶことのできる、倭国の天界と地界を結ぶ姫であることを意味しているという説を展開しています。

迹迹日は「飛速」から出た言葉で、飛び帰ることができるという意味、百襲は百衣ということから、倭迹迹日百襲姫を、翼のあるたくさんの衣装を持つ姫という意味である、と原田氏はしています。

「卑弥呼」の次の女王「壱与」（「台与」ともされる）についても原田氏は考察を続け、それに近い存在として、倭《やまと》迹《と》迹《と》稚《わか》屋《や》姫命《ひめのみこと》を挙げています。第七代孝霊天皇の皇女であり、倭迹迹日百襲姫命の妹です。

ただし、原田氏は、年齢の関係が合わないことから、倭迹迹稚屋姫命と「壱与」の合一性の主張を断念しています。

「初代の倭迹迹日百襲姫のその業績を継いだ人物を『記・紀』の中に探すと、これも有翼の巫女であった倭迹迹稚屋姫命（倭飛羽矢若屋比売）をあげる以外にない。だが、これは実際と一致しないのである。女王卑弥呼が共立されたのは一八一年前後であり、死亡したのは二四七、八年である。共立されたときの卑弥呼の年齢をかりに十五歳としても、死亡の時は八十歳を過ぎている。壱与は十三歳で女王になった。八十歳の姉と十三歳の妹という年齢差は現実にありえない。また、もし実の妹であれば『魏志倭人伝』にもそう書こうが、血縁関係を宗女と記している。宗女とは同一族の女性ということであろう。（中略）生身の女王がつねに健康であったとはいえない。女王が休養をとっている間の代行女王に任じられたのが倭迹迹稚屋姫命（倭飛羽矢若屋比売）であったのだろう。」

（前掲書『邪馬台国論争』）

たとえ、倭迹迹日百襲姫が「卑弥呼」といちばん近い存在らしいと考えられたとしても、倭迹迹日百襲姫が帝位についた形跡はあるのか、倭迹迹日百襲姫が太陽祭祀を行った形跡があるのか、という疑問を氷解させることはできません。

倭迹迹日百襲姫は天皇にはなっていません。根本的なところに立ち返って考えれば、「卑弥呼」が「日の御子」と呼ばれていいような、太陽神信仰の持ち主であるといったような、そんな記述もどこにもありません。

つまり、倭迹迹日百襲姫と「卑弥呼」とを同一人物として重ね合わせるということは不可能なのです。

第五章　卑弥呼神社が存在しないことの重要性

神社は土地に記憶された歴史の記録

たとえば日本各地の神社には、お神楽がたくさん伝承されています。

お神楽とは、神様に奉納する舞いのことです。

そしてそのほとんどは、天照大神らが暮らす高天原を舞台とする物語であり、踊りであり、歌となっています。

日本中にお神楽というものがあり、それぞれの地域に高天原が存在します。その地その地に、例えば奈良なら奈良に高天原が存在します。

それぞれがもつ神話あるいは伝承の世界を完成させようとする気持ちが、それぞれの地域にあるのです。そして神社を作り、自分たちと祖先との関わりを実証しようとします。

たとえば、九州の神社におけるお神楽であれば、その地の高天原神話においては、天神は高いところから、その神社のある九州の地に降ってきます。天孫降臨はそれで完結して、そこから神武天皇の出発が始まる、ということにもなります。

文字が無い時代には、人々は歌や舞いなどの行為で記憶しておこうとしたり、祠を作って場所で記憶しておこうとしたりするに違いありません。そういった記憶を再生したいと思えば、そうする以外にありません。

つまりそれが伝承ということに他なりません。

そういった、神社というものにある古来の人々の意思を、私たちはしっかりと読み解く必要があります。

今までは、歴史というものと神話あるいは伝承が結びつくはずはない、とされてきました。いまだに大半の研究者がそうした姿勢でいます。

七世紀以降の、文字で記録された『古事記』や『日本書紀』、『風土記』、また、歌集である『万葉集』などにおいても、綿々たる長い歴史をしっかり記しています。

神社仏閣は、かなり以降になってから建てられたものであるにせよ、土地の記憶として神々の名前を伝承します。

『古事記』や『日本書紀』に書かれなかった歴史も当然あります。

しかしそれらは、形として残されたもの、さまざまな神社仏閣、特に、その土地の記憶以外の何ものでもない神社のありようから理解することができます。逆に言えば、神社に残されていないものは存在しなかった可能性の方が高いのです。

「卑弥呼」「王」の不在を示す、関連する神社の不在

前に述べた通り、日本の神社の分布を細かく調べてみても、「卑弥呼」神社はどこにも

見出すことはできません。

もちろん、「卑弥呼」は「鬼道」で人を「惑わす」巫女ということですから、神道の神ではない、と言うこともできるでしょう。

しかし「卑弥呼」は、『魏志倭人伝』に書かれているように、「邪馬台国」といったような「国」を支配する「首長」です。鎮魂の意味からも、その地元の人々が祀らないはずはありません。

古来、日本人は、『古事記』や『日本書紀』には出てこない、人々に恐れられた神々、竜神、雷神、閻魔大王、鬼子母神、あるいは鬼の類であろうと、それらを祀るための神社を作ってきました。

しかし、前章ですでに述べましたが、民俗信仰として伝承されている山姥、オシラ様などの女神の中にも「卑弥呼」らしき存在は見出せません。

最初から神だったわけではない人々についても、日本人は、神社に祀るということをします。

聖徳太子、柿本人麻呂、菅原道真、平将門、崇徳院、楠木正成、新田義貞などはそのよい例でしょう。

「卑弥呼」がどのような存在であったとしても、一度「王」となったからには、記憶に残されないはずはありません。どこかの場所で言及されていないはずはないのです。しかし、「卑弥呼」もしくは、それらしい存在の痕跡は、神社にもお寺にも、一切見出すことはできません。

仏教は六世紀以降に日本に入ってきたものですから見出せないのは当然かもしれませんが、それでも、「卑弥呼」が『魏志倭人伝』に書かれているような大きな存在なのであれば、以降になってから建てられた神社仏閣であるにせよ、土地の記憶として伝承されていいはずです。

一体、なぜなのでしょうか。

四五〇〇首以上からなる『万葉集』は、前章で神功皇后の「鎮懐石伝承」について見たように、地方の伝承までよく伝えられています。

その中に「卑弥呼」の存在を推測させるような歌が一切ない、というのも、「卑弥呼」「王」の不在を非常に強く感じさせます。

神道の神でも日本人でもない者まで神社に祀る日本

日本人は古来、神道の神にこだわらず、また、日本人であるかないかにもこだわらず、神社に祀って語り継ぐ、ということをしてきました。

そのいい例が「徐福」です。

日本には、徐福という、秦の時代つまり紀元前三世紀頃の中国人にまつわる伝承、さらには神社仏閣が各地に存在しています。

徐福は、秦の始皇帝に使えた方士でした。方士とは、卜筮や医術、錬金術などの術を使って王朝に使える人間です。

ある新聞が二〇〇〇年に調査した資料によると、青森県、秋田県、神奈川県、山梨県、静岡県、三重県、愛知県、京都府、和歌山県、広島県、山口県、高知県、福岡県、佐賀県、宮崎県、鹿児島県の、南北にわたる一六府県に除福にまつわる伝承があります。

中でも名高いのは、和歌山県新宮市の「阿須賀神社」です。徐福宮という石造りの宮があります。

阿須賀神社は、イザナギ・イザナミが熊野で生んだ神々を祀る熊野を代表する神社です。合わせて、徐福を祀っています。

阿須賀神社の由緒には、徐福を祀っていることについて、こうあります。

「社後の森蓬莱山（飛鳥山）は、第七代孝霊天皇六（皇紀三七六）年、秦人徐福、始皇帝の命をうけ不老不死の仙薬を求め献じ奉らんと、童男童女三千を卒い、五穀百工を携えて東海に船を浮べ、常世の郷、熊野邑、即ち飛鳥に参って帰らず子孫繁昌したと伝えられる徐福の宮がある。」

徐福宮のいわれには、こうあります。

「第七代皇霊天皇の頃、秦の徐福が神薬を求めてこの熊野に来り、この地に奉祀されたと言われる。」

ここに見られる「秦の始皇帝の命を受けた徐福という学者が日本に流れ着いた」という物語が、日本各地に残る「徐福伝説」の基本です。妙薬を開発したとか、病気を治したなど、各地様々にバリエーションがあります。

『史記』に出典する「徐福伝説」だが単なる伝説ではない

日本に残る「徐福伝説」は、紀元前一世紀頃に中国の司馬遷がつくりあげた歴史書『史記』に書かれた「徐福」のエピソードが元になっています。

『史記』巻一〇八の淮南・衡山列伝第五十八に、秦の始皇帝の行状を伝えるものとして、次のような記述があります。

「また道士徐福を使者として、東の海上の仙人の島へ不死の薬を求めに行かせましたが、徐福は帰ると、いつわりの報告をして、

『わたくし東の海で大神さまにお目にかかりましたところ、〝おまえは西の皇帝の使者であるか〟とお尋ねになり、わたくしが〝その通りです〟とお答えしますと、〝おまえは何を捜し求めておる？〟と聞かれ、〝延命長寿の仙薬をいただきとうございます〟と申しあげますと、大神さまは、〝おまえたちの秦王の供物は少ないから、おまえは見ることはできても、手に入れることはできぬ〟とおおせられ、それからわたくしを東南のかた蓬莱山へおつれくださいました。そこには霊芝にかこまれた宮殿楼閣が見られました。仙界の使者がそこにおいでになり、それは銅の色で竜の形をし、体から発する光が天までたちのぼって輝いておりました。そこでわたくしは再拝いたしたあと、お尋ねしました、〝何の品を献上いたしますとよろしゅうございましょうか〟と、その海神さまは、〝良家の少年少女たちとさまざまな器械や道具類を献ずれば、望みのものは得られよう〟とおっしゃったのです』、と言上しました。

秦の始皇帝はたいへん喜んで、少年少女三千人を送り出し、五穀の種子と器物や道具

類をそえて、旅立たせました。〔始皇帝をたくみに欺いた〕徐福は広い平野と沼のある島にたどりつき、そこに居ついて自分が王となり、帰って来なかったのです。そこで人民は悲しみ嘆き、反乱に立ち上がろうとするものが十戸のうち六戸にもなりました。」

（『史記列伝　世界古典文学全集二〇』小川環樹・今鷹真・福島吉彦訳　筑摩書房）

《東の海上の仙人の島》や《広い平野と沼のある島》などとあることから、徐福が《不死の薬を求め》、また、《居ついて自分が王》となった場所は日本だろうと想像され、「徐福伝説」となりました。

そして、この徐福が上陸した場所、また、徐福が暮らした場所として、前項であげた、少なくとも一六府県に伝説が残っているわけです。

徐福は決して神とは言えません。

しかし、このような、「卑弥呼」よりももっと前、時代区分で言えば「弥生時代」に秦からやってきたとされる伝説上の人物にも、各地に神社がつくられているのです。

徐福が上陸した地として伝わる三重県熊野市波田須では、秦の時代の半両銭が出土して保管されています。

各地に神社や伝承として残る「徐福伝説」は、大陸から日本にやってきた、政治に関わりのある人物、あるいは科学的な知恵のある知識人の存在を予想させるのです。

有名な例大祭を持つ、百済王族を祀る神社

徐福ほど有名ではなくとも、外国人、そしてまた神道に関係のない人物が祀られている神社は他にもあります。

たとえば宮崎県東臼杵郡美郷町南郷神門にある「神門神社《みかどじんじゃ》」は禎嘉王を、宮崎県児湯郡木城町大字椎木にある「比木神社《ひきじんじゃ》」は福智王を祀っています。

禎嘉王、福智王ともに百済の王族です。

禎嘉王と福智王は父子で、神門神社の縁起によれば、禎嘉王が福智王に譲位して三年目にあたる年に国内に大乱がおき、その難を逃れて禎嘉王は福智王とともに日本へわたり、天平勝宝八年（七五六年）に安芸国の厳島に辿り着きました。

朝鮮の歴史書『三国史記』には、七五六年は統一新羅・景徳王の時代で、この年の前後に災害が起きて民が飢えたことを伝えています。

日本側の記録としては七九七年に完成した『続日本紀』に記述があります。

『続日本紀』の天平宝字三年（七五九年）九月四日条に次のように書かれています。第

四七代淳仁天皇の時代です。

「天皇は大宰府に次のように勅した。

近年、新羅の人々が帰化を望んで来日し、其の船の絶えることがない。彼らは租税や労役の苦しみをのがれるため、遠く墳墓の地を離れてやってきている。その心中をおしはかると、どうして古郷を思わないことがあろうか。よろしくそれらの人々に再三質問して、帰国したいと思う者があったら、食糧を給して自由に帰らせるように。」

（『続日本紀　全現代語訳』宇治谷孟　講談社学術文庫　一九九二年）

時の朝鮮半島の情勢、そして日本への帰化人の様子を記述しています。こうしてやってきていた朝鮮半島からの帰化人たちも、日本においては神社に祀られることがあったのです。

禎嘉王と福智王は六六〇年に滅んだ百済王朝の末裔でした。宮崎県の公式ウェブサイトには伝承が次のように簡潔にまとめられています。

「伝説によると、百済を逃れた禎嘉王、福智王一行は安芸国（広島県）の厳島に到着。

さらに安住を求めて日向国（宮崎県）に向けて船を出すが、途中嵐に遭い、禎嘉王は現在の日向市の金ケ浜《かねがはま》に、福智王は現在の高鍋町の蚊口浦《かぐちうら》に漂着する。禎嘉王は美郷町神門に、福智王は木城町比木に居を定め、しばらく平和に暮すが、神門で追討軍との戦いが起こり、禎嘉王は流れ矢を受けて戦死する。」

この百済の王族父子の死の物語を傷み、鎮魂のために建てられたのが神門神社と比木神社です。

そして、同地では、毎年一二月に、この伝説にちなんだ「師走祭り」というたいへん立派なお祭りまでもが行われています。

禎嘉王が居を定めていた美郷町神門と福智王が居を定めていた木城町比木との距離、つまり神門神社と比木神社との距離は九〇キロメートルほどあります。「師走祭り」は、比木神社から出発した一行が神門神社までの昔ながらの道を二泊三日で巡行し、禎嘉王と福智王の父子の対面を再現させ、ふたたび帰ってくるお祭りです。昭和一〇年代までは、九泊十日をかけたそうです。

神門神社も比木神社も、ただの伝承から生まれた神社です。しかし、それに基づく例大祭までもが行われているのです。

憎悪からも神社や祠は作られる

禎嘉王と福智王のような百済王族ばかりでなく、新羅や高麗など広く朝鮮からやって来た人々を祀る神社の存在もよく知られていることです。その多くは、戦乱などの危機を経た人々の鎮魂の意味を大いに含んでいます。

『魏志倭人伝』は、「卑弥呼」が「女王」の地位についた経緯を、次のように記述しています。

「その国も、もとは男を王としていた。男が王となっていたのは七、八十年間であったが国は乱れて、攻め合いが何年も続いた。そこでついに、一人の女性を選んで女王とし、卑弥呼と名づけた。」（前掲書『倭国伝 全訳注 中国正史に描かれた日本』）

「卑弥呼」が、いわゆる「倭国の大乱」の後で、それを平定するために「邪馬台国」の首長についた存在なのであれば、どこかの地の神社か祠にその存在が記されているはずです。しかし、それはどこにも存在しません。

「卑弥呼」の死後、その宗女つまり世継ぎの女性が「女王」となっています。

「かわって男王を立てたが、国中それに従わず、殺しあいをして、当時千余人が死んだ。そこでまた、卑弥呼の一族の娘で台与《とよ》という十三歳の少女を立てて王とすると、国がようやく治まった。」

（前掲書『倭国伝 全訳注 中国正史に描かれた日本』）

この「台与」（「壱与」ともされる）もまた、祀られている形跡はどこにもありません。「卑弥呼」や「台与」は、よほど、日本各地の地元の人々に憎まれていたのでしょうか。しかし、憎悪という感情を原理としても、鎮魂の意味をもって神社や祠は作られるものなのです。

学者の中には「卑弥呼」や「台与」は日本名ではないから、別の名前でどこかに祀られているはずだ、という人もいるかもしれません。

その視点から、もっともらしく取り沙汰されているのが神功皇后であり、倭迹迹日百襲姫命です。

しかし、その可能性はない、ということは、すでに前章で述べました。

古墳は日本特有の巨大文化

前方後円墳をはじめとして、日本には他に円墳、上円下方墳、方墳、柄鏡式古墳など、八種類以上の形があります。

これらは、決して中国から来たものではありません。新羅や百済、伽倻、高句麗などにも存在しません。発見されたとしても、それはせいぜい円墳で、大きさも最大のものは新羅で見つかった長さ一二〇メートルのもの、百済においては、二〜三〇メートル程度のものでしかありません。

日本には埴輪や葺石段築城などの外部装飾がありますが、朝鮮のものにはありません。日本の古墳には濠が一重、二重にありますが、朝鮮に、こうしたものはありません。

古墳の形は、縄文、弥生から続く日本固有のものです。こうした日本独特の巨大文化が、日本人のどのような精神、思想、宗教によって造られたのか明確に見据えていかなければならないところですが、ここにひとつ、問題がありました。

これらの古墳文化についての文字史料が、日本国内に存在しないのです。

そこで、日本の歴史学者は、文字としての残っているこの時代の唯一の史料として『魏志倭人伝』に拘泥しているわけです。そしてますます現実と乖離していくということになります。

研究者たちは想像力を欠き、この時代の文化史を、日本における影の時代にとどめてしまっています。

『「やまとごころ」とは何か——日本文化の深層』(ミネルヴァ書房　二〇一〇年)ですでに述べ、解説し、指摘している通りですが、私はここに強い不満を感じざるをえません。

古墳時代を『魏志倭人伝』で語る愚行

日本の墳墓文化には、偉大な死者の霊を祀るという基本的な態度があります。これは明らかに死者の御霊への信仰です。「神道」が基本となっています。

つまり、死者は神になる、という思想です。仏教が輸入されたとき、日本人は「輪廻転生」には興味を示さず、「ほとけになる」という言葉を生み出しました。これが日本人の「神道」的な心のあり方です。

現在、天皇陵とされる古墳は、すべてに鳥居が立てられ、神社として考えられています。古墳の造成は、濠に囲まれた島づくり、山づくりでもあります。日本の「神道」は、『古事記』『日本書紀』にあるように、皇祖霊信仰とともに、明らかに自然信仰が重なっているのです。

こうした事実から、古墳文化は神道文化の創造物として考えられます。しかし、古墳文化を神道文化の創造物とする見方はあまり主張されてきませんでした。

その大きな理由のひとつが「卑弥呼」「邪馬台国」の『魏志倭人伝』です。そこに描かれている、日本だとされている「倭国」の人々の生活風景が、「神道」とかけ離れているからです。

「卑弥呼」は《鬼道に事え、能く衆を惑わす》女王です。江戸時代の国学者・本居宣長は著書『馭戒慨言《ぎょじゅうがいげん》』で、「卑弥呼」の「鬼道」を古代の神道と解釈しましたが、その詳しい説明はなされていません。

学会においても、この「鬼道」は、一般的に言われるところのシャーマニズムという程度に理解されてきました。しかし、この「鬼道」は、歴史的に具体性のある道教の一派である、という説があります。

日本文化史研究者である重松明久氏は著書『古墳と古代宗教　古代思想からみた古墳の形』（学生社　一九七八年）で、『魏志倭人伝』の著者である珍寿は、「卑弥呼」と後漢末期の教団・五斗米道の第三代目指導者である張魯がこの「鬼道」につかえている、としている、と述べています。

鬼道という言葉は、魏、晋代の歴史書『華陽国志』などにも見え、後漢末の道教教団を二分する宗派名でした。重松氏によれば、「鬼道」は、符《ふだ》と呪水《まじないみず》を用いて、病気その他、いろいろな災害を引き起こす死霊としての鬼を退治することを主眼とする宗教です。

「卑弥呼」は《衆を惑わす》女王でした。民衆は戸惑っています。卑弥呼の「鬼道」は、国の人々に必ずしも受け入れられてはいませんでした。

道教たる鬼道は形式主義を排除する

『魏志倭人伝』には、次のように書かれています。

「死んだときには、棺はあるが、槨はない。土を積み上げて家《つか》を作る。」

（前掲書『倭国伝 全訳注 中国正史に描かれた日本』）

これは古墳時代と対応しません。この記述は、道教の習慣に拠っています。道教という信仰が、形式主義を排除するもので、倹約を尊ぶという建前にのっとって、埋葬についても薄葬主義を主張するものである、ということに拠っているのです。

「鬼道」はそもそも、前方後円墳などといった巨大文化とは矛盾する考え方です。前にも述べたように、確かに『日本書紀』の神功皇后紀は、『魏志倭人伝』について注として触れています。しかし神功皇后は、「卑弥呼」の時代から約一〇〇年後の人物です。『日本書紀』の神功皇后紀五十二年に、百済から七枝刀が献上された、という記述があります。百済の歴史書『百済記』を基準とすると、この件の実年代は三七二年になります。

奈良県の石上神宮にはこのときの七枝刀が所蔵されていますが、その銘文には泰和四年（三六九年）に造ったと刻まれています。『魏志倭人伝』の年代と一〇〇年以上ずれます。つまり、神功皇后を「卑弥呼」と受け取ることはできません。『日本書紀』の段階で、倭の女王「卑弥呼」は宙に浮いていたのです。

「邪馬台国」は古墳時代以前の国という誤謬

「邪馬台国」は古墳時代以前の話で、古墳時代に造られたような墳墓は存在しない時代の国である、という説も唱えられています。

しかし、『魏志倭人伝』によれば「卑弥呼」が死んだのは三世紀の中頃、二四七年から二四八年の間だとされています。この頃にはすでに、日本では大型古墳がたくさん造られていたことが考古学的調査で判明しています。

纏向遺跡が二世紀の後半にはすでにあった集落の遺跡であることは、年輪年代法からも明らかにされました。

そしてまた、二世紀後半頃から三世紀前半頃までに、吉備、出雲、丹後、大和などの諸地域で大型墳墓がほぼ一斉に登場しています。

纏向墳墓群にある勝山墳墓の年代も、二〇三～二一一年です。同じく纏向墳墓群にあるホケノ山墳墓も二三五年までには造られているとされています。

纏向墳墓群といえば箸墓古墳がとても有名ですが、これも三世紀中頃までには造られたということがわかっています。箸墓古墳は全長が二八〇メートルあります。

箸墓古墳は最古の本格的な前方後円墳として知られています。後円部は五段築で、周囲には濠があり、当時の巨大文化を堂々と物語っています。

そしてこれらのことは『魏志倭人伝』ではまったく語られていません。

中国で一枚も発見されない「三角縁神獣鏡」

前にも触れた「三角縁神獣鏡」は、この鏡が出土する古墳は、考古学的調査によれば四世紀以降のものです。

従って、魏帝が「卑弥呼」に下賜したという《銅鏡百枚》が「三角縁神獣鏡」だと言うことはできません。

さらに言えば、「三角縁神獣鏡」は中国では一枚も発見されていません。『魏志倭人伝』の支持者たちは、中国での発見をひたすら待ち、望みをつないでいる状態です。

「三角縁神獣鏡」は、縁の断面が三角形をしているという中国にはない特徴を持っています。確かに、鏡に施された像は不老長生や神仙思想を表しています。このことから、これは中国で「輸出用」に特別製作された特鋳鏡だ、という説も、中国説に固執する一部の研究者から出されてはいます。

しかし、「卑弥呼」に《鏡百枚》を下賜したという魏王朝では、宗教政策として、神仙思想などの民間信仰を禁じる政策をとっていました。たとえ輸出用であったとしても、そういった類の鏡を造っていたとは思われません。魏の隣の呉王朝から出たものだという説も証拠がありません。

「三角縁神獣鏡」には中国ではありえない図像が多いことからも、この鏡は日本国内で造られたものであると考えるが妥当です。

「三角縁神獣鏡」の断面三角は日本の「山」

「三角縁神獣鏡」の縁の断面は三角です。このことは、前方後円墳を側面から見る視点と重ねて考えてみると、面白いことがわかります。

前方後円墳の円部がひときわ高い「山」を示しているとすれば、「三角縁神獣鏡」の縁の断面の三角も「山」を示していると見ていいでしょう。「三角縁神獣鏡」にはギザギザ模様の鋸歯文帯が繰り返し表されますが、これもまた三角形が基本の模様であり、「山」となります。

中国・漢代の鏡が神仙思想に基づいて作られていることはよく指摘されることです。日本の鏡にもまた、「山」を基本とした神仙思想があると言ってよいでしょう。

鏡にはすでに仏像が表現されていると指摘する研究者もいますが、神仙図に仏像はありえません。

たとえば、羽根をつけた座像などは、仏像ではなく、空を飛ぶこともできる「山人」の像と言った方が正解です。「山人」の像として、日本神話の天津国の神々が表されている可能性もあります。

「三角縁神獣鏡」の出土地として有名な、奈良県天理市の「黒塚古墳」から出た鏡の銘文には、倭人好みの銘文が取り入れられている、と歴史家の藤田友治氏が指摘したことがあります。

長寿を意味する「寿」、富み栄えるという意味の「富」、健康で安定しているという意味の「康寧」、立身出世を願う「貴」、子宝に恵まれるための「多子」などがそれにあたります。

「黒塚古墳」が出土した十六号鏡・三角縁三神五獣鏡には、次のような意味の銘文が刻まれています。

「張氏は鏡を作ったが誠に巧みだ。仙人の王喬と赤松子がいる。獅子や辟邪《へきじゃ》は世にめずらしい。渇けば玉泉を飲み、飢えれば棗《なつめ》を食う。生命は金石の如く、天命を相い保によろしい。」

つまり、「三角縁神獣鏡」は神仙思想を表現し、仙人たちにあやかって不老不死を得たい、という願望を表していることになります。これはまさに日本における「山人」の思想だと言っていいでしょう。

漢語の記述が日本の鏡に出ているということは、当時の人々は漢語を理解していたということです。文字としてまだ日本に定着してはいなかったものの、すでに判読されていました。

そしてまた、日本の神道は、中国の道教思想にかなり親近感を持っていたらしい、ということも「三角縁神獣鏡」からわかります。

不正確なものは信じるに足りない

『魏志倭人伝』は、日本の研究者たちを《惑》わせてきました。とくに戦後、日本の過去を否定的に見たい学者によって過大評価されてきたのです。

日本の過去を否定的に見たい学者たちは、『魏志倭人伝』の時代の日本は遅れたシャーマニズムの世界である、としたかったのです。

学者たちが、天皇陵から天皇の名をすべて取り去って、学術的な古墳名のみとしたのも戦後の話です。

しかし、相変わらず、「邪馬台国」論争は九州説・畿内説が相乱れるだけであり、今まで見てきたように『魏志倭人伝』にはでたらめばかりが書いてあるということが明らかになるばかりです。

『魏志倭人伝』は金科玉条のような扱いをされてきました。

これは、中国の歴史書は信頼すべきだとする、日本人学者の極めて奇妙な信仰から来ているものです。反省されなければいけません。

不正確なものを信じるわけにはいかないのです。

あとがき――それでも出し続ける重要性について

現代はご存知のようにネットの時代です。私はすでに七六歳になりますが、学者として最初は原稿用紙、タイプライター、ワープロ、そしてパソコンと、次々と著述形式を変えてきました。仕事上、現在はどうしてもパソコンで原稿を書き、メールで通信をしなければ、致仕方ない時代になっています。大学で一足先にパソコンを習熟した大学院生が、得意げに教授の前でプリントをしてみせる姿に、日頃の鬱憤を多少でも晴らすようで、苦笑いをする老教授も多いことでしょう。年寄りが皆、この技術の発展についていけない体験をしているはずです。研究とは直接、関係がないにせよ、便利さだけは、若手に教えを乞わざるを得なかったのです。

情報も、伝達も、そして論文発表まで、こうした技術を使わざるを得なくなっています。世界中、即座に伝達が可能となったことで、郵便で一週間もかけて応答していた時代との大きな様変わりに対処しなければなりませんでした。これが果たして学問を進展させるものだろうかと考えたこともあります。しかしどうやら、そうではない方向に展開しているようです。

この新しいネットの世界に接するにつれて、異変を感じます。これまで既成の発表機関に頼っていた事態も、このネットで自由になった点です。あるイデオロギーに囚われた編集者に牛耳られる既成の学会誌、市井の新聞、雑誌、放送など、あたかも知的権威であるかのごとく振舞ってきたメディアからも自由な発表空間が出来始めています。文化支配を目指した戦後マルクス主義（フランクフルト学派）に犯された、既成の雑誌、書籍も時代遅れになり、ネットの情報があれば、彼らを問題にしなくてもいいようになってきました。このことも、知識人にとって大きな知的・地殻変動だと思われます。いつでも情報は入ってくるし、欧米などの人たちとも、平等に情報は共有出来るようになっています。

戦後、「民主主義」の名のもとに、もともと少数派だった左翼学者の学問支配がありました。カルチュアル・スタディーズ、ジェンダーフリーなどの名のもとに、彼らは学界を跋扈しているのです。大学では人事権にあぐらをかいて徒党を組み、個人の研究をコントロールしていると言っていいでしょう。論壇も封鎖空間もつくりあげ、彼らに合わない見解は、無視してきました。それによって、保守派の論文の存在を消したつもりになっており、その教条主義が、彼ら自身の思想の衰退を促していることもわからないのです。重箱の隅を突つくような、レベルの低下を如実に示す研究が、こうした意図的な言論封鎖により助長され、多くの保守の学者が、締め出される状態になっています。

異変とは、ネット空間を中心に、学問を発表することが可能になったことです。私の場合は、同志と共に、自らの見解を議論できる別の学会を立ち上げ、マルクス主義から自由な言論機関を作ろうと『日本国史学』を創刊しました。また毎月連続講演会を組織し、学会の講演の映像をネットに立ち上げたところ、多くの人々により視聴されるようになりました。それにつれて、反応も多く出るようになったのはいいことです。

この本の元となった論文「なぜ卑弥呼神社がないのか――日本のどこにも存在しない邪馬台国」は、七篇の論文を掲載した『高天原は関東にあった――日本神話と考古学を再考する』（勉誠出版、二〇一七年）の中の第七章の論文です。この論文集にはすでに何人かの高名な学者のお褒めの私信を受けましたが、それを除くと、歴史学界でも言論界でも無視されています。この問題は、日本国家の歴史の根幹に関わる重要な課題であり、日本人の誰でもが話題にすべき、神話と歴史の問題です。

喜ばしいことに、その左翼学界の沈黙に対して、ネットでは取り上げられ、それが三万五千以上のアクセスがあったといいます（「【日本の教授】卑弥呼や邪馬台国などは存在しない」三万五一二八回視聴）。

その取り上げ方を紹介します。

中韓の捏造文書に「考古学界が見事に騙された」と東北大教授が断定。常識的に考えれば嘘だとわかる、日本の教科書に書かれている、卑弥呼のいた「邪馬台国」は日本のどこにあったのか、いまだに意見が大きく割れている。

とあるメルマガで、「そもそも卑弥呼や邪馬台国など存在しない。魏志倭人伝は中韓の捏造だ」と主張している衝撃の一冊を紹介しています。

その内容です。

田中英道『高天原は関東にあった　日本を再考する』を読んだ。

著者は日本国土に卑弥呼神社が一社もない＝邪馬台国の痕跡がないことを以て「魏志倭人伝」は日本に来たこともない陳寿の創造だと断じる。

「魏志倭人伝」の記述はもともとおかしい。（中略）

この記述の「距離」の想像性をみれば最初からフィクションを書くことを意図していたとしか考えられない。「邪馬台国」とか「卑弥呼」という「蔑称」がいつの間にか歴史用語になり、教科書にまで載せられしまったこと自体が、歴史家、教育者のレベルの低さを示すものである。（以下要点）

「邪馬台国」の伝承が残り、それを祀る神社や祠がない。調査もないからできない。万葉集にもこれを推測させる歌が一切ない。地方の歴史や文物を記した地誌である「風土記」にもない。民俗信仰、民間伝承、昔話の中にも「卑弥呼」系は見いだせない。

上記のことから、とにかく日本には「魏志倭人伝」の様相を伝えるものは全くない。邪馬台国の不在はすでに定まっていたのだ。

「魏志倭人伝」は、日本史に置いて検討に値しない。わたしは今後「偽史倭人伝」と書く。「倭」という「蔑称」が気に入らぬが……。云々。

そして「ネットの反応です」が続く。「……などと意味不明の供述を続けており警察は慎重に調べを進めています」などというこれこそ「意味不明」のネットの反応から始まり、百以上のコメントが書き出されています。

確かにネットの空間では、このように取り上げられ、内容がアッピールされています。しかしそれに対するコメントの多くには失望せざるをえません。左翼は、無視を決め込んでいますが、多くは意見を言いたいにせよ、その表現能力がないため、ほとんどが冷やかし風のものに過ぎないのです。従って既成の説を相変わらず主張するか、多少賛成しても、具体的にどこがいいか、などというコメントもつくれない。確かに素人が勝手に加わることができるネットだけに、この「意味不明」な反応のようなものが多いのです。これでは、匿名で書けるネットでは、衆愚政治のようなもので、意味のない議論になってしまいます。私の本を直接読んで書いた、という内容の議論は、皆無に等しい印象です。

この邪馬台国問題まで、戦後、学界、マスコミを賑わした問題はないでしょう。国家の歴史の根本を揺るがす問題です。こうした本は、その意味で、さらに多くの人々に読んでもらわなくてはならないと池嶋社長もおっしゃって下さいました。このネットの反応状態を見て、もっとわかりやすく、丁寧に書いた本が必要だ、と考えられたのです。それで新たな検討を加えて書かれたのがこの選書版の本です。

『日本の起源は日高見国にあった——縄文・弥生時代の歴史的復元』『天孫降臨とは何であったのか』に続いて、この選書も、論文集『高天原は関東にあった——日本神話と考古学を再考する』の学術論文を、より一般読者のために書き直したものです。

出版にあたって、これを推進された畏友、池嶋社長、このシリーズの協力者の尾崎克行氏に厚くお礼を申し上げます。

【著者紹介】

田中英道（たなか・ひでみち）

1942年生まれ。歴史家、美術史家、東大文学部卒、ストラスブール大学Phd. 東北大学名誉教授、ローマ、ボローニャ大学客員教授。主な著書に『日本美術全史』（講談社）、『日本の歴史』（育鵬社）、『レオナルド・ダ・ヴィンチ』（講談社）いずれも欧語版、『芸術国家　日本のかがやき』『高天原は関東にあった』『日本の起源は日高見国にあった』『天孫降臨とは何であったのか』（勉誠出版）他多数。

勉誠選書

邪馬台国《やまたいこく》は存在《そんざい》しなかった

2019年1月7日　初版発行
2021年9月1日　初版第2刷発行

著　者　田中英道
制　作　㈱勉誠社
発　売　勉誠出版㈱
〒101-0061　東京都千代田区神田三崎町 2-18-4
TEL：(03)5215-9021(代)　FAX：(03)5215-9025
〈出版詳細情報〉http://bensei.jp

印刷・製本　中央精版印刷
ISBN 978-4-585-23408-1　C1321